古代歷史文化 研究輯刊

七 編

王 明 蓀 主編

第 5 冊

唐代殺人罪研究
——以庶民六殺爲中心的探討

廖 婉 君 著

國家圖書館出版品預行編目資料

唐代殺人罪研究——以庶民六殺為中心的探討／廖婉君 著 --
初版 — 新北市：花木蘭文化出版社，2012〔民 101〕
目 2+144 面；19×26 公分
（古代歷史文化研究輯刊 七編；第 5 冊）
ISBN：978-986-254-815-8（精裝）
1. 刑律論　2. 殺人罪　3. 唐代
618　　　　　　　　　　　　　　　　　　101002376

ISBN-978-986-254-815-8

9 789862 548158

古代歷史文化研究輯刊
七 編 第五冊　　　　　　　ISBN：978-986-254-815-8

唐代殺人罪研究——以庶民六殺爲中心的探討

作　　者　廖婉君
主　　編　王明蓀
總 編 輯　杜潔祥
出　　版　花木蘭文化出版社
發 行 所　花木蘭文化出版社
發 行 人　高小娟
聯絡地址　新北市永和區中正路五九五號七樓
　　　　　電話：02-2923-1455／傳眞：02-2923-1452
網　　址　http://www.huamulan.tw 信箱 sut81518@gmail.com
印　　刷　普羅文化出版廣告事業
初　　版　2012 年 3 月
定　　價　七編 24 冊（精裝）新台幣 38,000 元

唐代殺人罪研究
——以庶民六殺爲中心的探討

廖婉君　著

作者簡介

廖婉君，國立中正大學歷史系學士、國立臺灣師範大學歷史研究所碩士，現職高中歷史教師。

提　　要

　　本文以庶民殺人犯罪為研究中心，首先從律文出發，探討唐律對於不同型態、不同對象之殺人罪的定義及刑罰考量，釐清律文之意。其次，透過與前朝法律的比較，了解唐律的特殊性，試圖追溯六種殺人罪概念的歷史淵源，並檢視歷朝殺人罪的刑責變化，討論影響律文發展的相關因素。第三、利用正史、筆記小說案例檢視殺人罪律文在唐代社會中實際落實的有效性。第四，從俠義小說出發，討論「俠義行為」涉及殺人犯罪時可能牽涉的法律或文化議題，藉此探討社會、文化、政治、行政等因素如何影響法律條文的落實，試圖理解唐代民眾的法律價值觀，表現庶民社會的主動性，了解社會與政府法令之間的互動關係。

目

次

第一章 緒 論

　　唐律是中國現存最早、最具體系的法典，而法律對於罪名的定義以及律目之間的刑責區分反映了國家社會對犯罪行為的關切點和當時的「犯罪」概念。本文從庶民身份出發，首先釐清唐律殺人罪的定義與刑責，探討律目所表現的觀點和其意義（本文僅討論單一殺人罪，姦殺、強盜殺人等併合犯罪不予處理）。其次，透過律法沿革比較，凸顯唐代法律的特質，並試圖追溯唐律刑責考量的思想淵源及其演變。第三、落實方面，以正史、筆記小說案例為依據。筆記小說內容取材廣泛，型態多元，需擔負的文責相對為輕，較之正史，更有貼近社會生活與民眾意識的優點。筆者以之檢驗律文在社會中的實際運用情況，並討論案例牽涉的相關法律、文化議題，希望能藉此對唐代的「罪」、「刑」概念有更清楚的了解。

第一節　法律文獻系譜中的沿革

　　殺人，使他人失去性命，是最古老的罪名之一。它嚴重侵害個人、家族與國家法益，破壞社會秩序，自古以來都是法律制裁的重點。根據史籍記載，中國殺人罪可溯至堯舜，張晉藩認為若從社會發展程度考量，遲至夏代，中國已經出現法律，〔註 1〕最初的刑法即應包括殺人、強盜等基本罪名與懲處方式。

　　堯舜時期，傷害他人生命財產的「殺」、「盜」兩種行為都是政府懲處的

〔註 1〕張晉藩，《中國古代法律制度》（北京：中國廣播電視，1992），頁 13。

要點,《尚書》云:「帝曰:皋陶,蠻夷猾夏,寇賊姦宄,言無教所致,汝作士五刑」,漢孔安國注:「羣行攻劫曰寇,殺人曰賊」,〔註2〕「殺人」即爲其一。對於殺人犯的處理,《左傳》昭公十四年,晉國韓宣子問罪於叔向,叔向答:「已惡而掠美爲昏,貪以敗官爲墨,殺人不忌爲賊。夏書曰:昏、墨、賊,殺,皋陶之刑也,請從之」,晉杜預注:「逸書:三者皆死刑」,〔註3〕明確指出皋陶將殺人者處以死刑。

《周禮》云:「凡殺人者,踣諸市,肆之三日,刑盜于市」。〔註4〕西周時,殺人犯被處決後必須將屍體公開曝陳於市三日,表示殺人罪惡性重大,帶有警示民眾的目的。東周天子地位衰落,諸侯國各行其政,自訂法令,但對於殺人犯罪都同樣處以死刑,荀子說:「殺人者死,傷人者刑,是百王之所同,未有知其所由來者也」,〔註5〕將「殺人者死」和「傷人者刑」當作不證自明的道理,即便人們不知道這樣看似「定律」的法規從何而來,然早已爲歷代百王接受施行,可知「殺人償命」的法律規定至春秋戰國時不僅適用已久,而且非常普行。

戰國李悝參考各國刑法,作《法經》,商鞅更名爲律,是秦律的基礎。《法經》分爲盜、賊、囚、捕、雜、具六篇,殺人屬於其中的賊律。〔註6〕「賊」,《說文解字》解爲「敗」,段玉裁注:「敗者,毀也。毀者,缺也」,〔註7〕是損壞、破壞、傷害的意思。段氏引用《左傳》「毀則爲賊」、「殺人不忌爲賊」作爲注解,「毀則」,壞法也;「忌」,畏也。〔註8〕杜預曰:「專輒殺人無所忌

〔註2〕 楊家駱補正,《尚書注疏及補正》(台北:世界書局,1963),卷三,〈虞書‧舜典〉,頁17。

〔註3〕 楊伯峻編著,《春秋左傳注》(北京:中華書局,1981),卷四十七,〈昭公十四年〉,「晉邢侯與雍子爭鄐田」條,頁1367。

〔註4〕 楊家駱補正,《周禮注疏及補正》(台北:世界書局,1963),卷三十六,〈秋官‧司寇〉,「掌戮」,頁15。

〔註5〕 王天海校釋,《荀子校釋》(上海:上海古籍,2005),卷十八,〈正論篇〉,頁714。

〔註6〕 (唐)李林甫等撰,陳仲夫點校,《唐六典》(北京:中華書局,1992),卷六,〈尚書刑部〉,頁180。《晉書‧刑法志》:「秦漢舊律,其文起自魏文侯師李悝。悝撰次諸國法,著法經,以爲王者之政莫急於盜賊,故其律始於盜賊」。(唐)房玄齡等,《晉書》(北京:中華書局,1982),卷三十,〈刑法志〉,頁922。

〔註7〕 (東漢)許慎撰,段玉裁注,許惟賢整理,《說文解字注》(南京:鳳凰,2007),頁1095。

〔註8〕 《春秋左傳注》,卷二十,〈文公十八年〉,「莒紀公」條,頁634。

畏，謂之賊害」，〔註9〕無所顧忌，肆意殺人，破壞法律爲賊，「賊」字強調犯者意識爲故意之傷害行爲。晉張斐〈律表〉釋名：「無變斬擊謂之賊」，「無變斬擊」指無端殺傷他人，〔註10〕唐孔穎達《尚書疏義》曰：「剝割殺人謂之賊，故賊爲殺也」，〔註11〕則直稱「賊」爲「殺」。「賊」解釋爲有心的「毀」、「壞」，毀人性命亦稱之，所以舊典有「賊殺」詞，漢律有「賊殺」罪。〔註12〕

　　明朝董說《七國考》轉引東漢桓譚《新論》謂戰國《法經》對殺人罪有：「殺人者誅，籍其家及妻氏，殺二人，及其母氏」的規定。〔註13〕殺人犯罪，除犯者自身受罰，其本家、妻氏家產均須充公，人口沒爲奴婢，殺兩人以上罪及母氏親屬，刑罰十分嚴苛。引文中列舉殺人等罪說明魏、秦兩國法律關係的密切與深峻，不過目前出土的秦簡沒有類似規定，《法經》引文也僅見於該書，可信度有待商確。

　　秦律今已不存，關於殺人罪的法律規定只能從睡虎地秦簡〈法律答問〉略窺一二。睡虎地秦簡年代起自商鞅，終迄秦始皇統一六國，學者認爲秦王統一天下後在律法上沒有太大的變動，所以睡虎地竹簡的律文可視爲秦律。〔註14〕秦簡中出現的殺罪罪目有盜殺、鬥殺、擅殺、賊殺、牧殺五種，盜殺指竊盜殺人，擅殺用於父對子、主對奴等尊長殺害卑幼的情況，賊殺普遍被認爲是故意殺人，相當於唐律的故殺，漢初〈二年律令〉中的「賊殺人，棄市」〔註

〔註9〕　《春秋左傳注》，卷四十七，〈昭公十四年〉，「晉邢侯與雍子爭鄐田」條，頁1367。（明）王道焜、趙如源同編，《左傳杜林合注》，收入《景印文淵閣四庫全書》（台北：臺灣商務，1988），第一百七十一冊，卷三十九，〈昭公十四年〉，「晉邢侯與雍子爭鄐田」條，頁761。

〔註10〕　《晉書》，卷三十，〈刑法志〉引張斐律表，頁928。高恒，〈張斐的《晉律要略》〉，收入楊一凡總主編，《中國法制史考證》（北京：中國社會科學，2003），乙編（法史考證重要論文選編），第三卷，〈法制叢考〉（楊一凡、劉篤才主編），頁150。

〔註11〕　《尚書注疏及補正》，卷十一，〈周書·泰誓中〉，頁12。

〔註12〕　如《二年律令·賊律》：「賊殺人，棄市」（○二一）、「子賊殺傷父母，奴婢賊殺傷主、主父母妻子，皆梟其首市」（○三四）。張家山二四七號漢墓竹簡整理小組編，《張家山漢墓竹簡【二四七號墓】》（北京：文物，2001），〈賊律〉，頁137、139。

〔註13〕　（明）董說，《七國考》，收入《景印文淵閣四庫全書》，第六百一十八冊，卷十二，「法經」，頁977。

〔註14〕　高敏，〈商鞅《秦律》與睡虎地出土《秦律》的區別與聯繫〉，收入氏著，《睡虎地秦簡初探》（台北：萬卷樓圖書，2000），頁27～37。劉海年，〈戰國法律制度的若干問題〉，收入《中國法學》1988：2，頁124～126。

〔註15〕　《張家山漢墓竹簡【二四七號墓】》，〈賊律〉，頁137。

15）即延續秦律而來。這種故意的人身侵犯罪，秦律中除了「賊殺」之外，還有「賊傷」罪。〔註16〕牧殺則相當於後來的謀殺。

相傳漢初劉邦入關中有與民約法三章事，《漢書》：「（高祖）與父老約，法三章耳：殺人者死，傷人及盜抵罪」，〔註17〕三章之一即殺人者死罪。張家山漢墓出土的〈二年律令〉爲高祖五年（西元前 202 年）至呂后二年（西元前 186 年）之間的律令，時間在蕭何作〈漢律九章〉前。〔註18〕其中〈賊律〉將殺人罪分爲賊殺人、謀賊殺人、鬥殺人、過失殺人和戲殺人五種，與杜貴墀的《漢律輯證》、沈家本的《漢律摭遺》考證結果大致相同，差別僅於後兩書增列了「使人殺人」和「狂易殺人」。從律目上看，漢律殺人罪的類型已經相當完整，而且明顯繼承秦律。〔註19〕

魏晉南北朝的殺人律僅零星遺文散見於史籍中，例如：曹魏律有賊殺、鬥殺和過誤殺，晉律有戲殺、謀殺、賊殺（殺）、受教殺人和過誤殺等，基本上不出漢初〈二年律令〉的範圍。其中只有後魏謀殺律內容清楚，其餘皆不完整，難以竟其全貌。從已知資料可以發現，魏晉時期對於殺人罪的處理和秦漢律有所不同，尤其是牽涉到犯罪兩造身份關係時情況更爲明顯，官員曾有不少討論，詳待後述，這些變化後來均爲隋唐律所繼承，是中國法律發展過程中的一個重要轉折。

第二節　研究回顧

關於唐律殺人罪研究，夏勇曾經發表〈唐律中的謀殺罪〉，〔註20〕討論事

〔註16〕「甲賊傷人，吏論以爲鬥傷人，更當論不當？當䛑」（一一九）、「甲告乙賊傷人，問乙賊殺人，非傷毆（也），甲當購，購幾可（何）？當購二兩」（一三四）。以上參見睡虎地秦墓竹簡整理小組編，《睡虎地秦墓竹簡》（北京：文物，1977），〈法律答問〉，頁 123、頁 126。

〔註17〕（東漢）班固，《漢書》（北京：中華書局，1962），卷一，〈高祖本紀〉，頁 23。

〔註18〕高敏，《〈張家山漢墓竹簡·二年律令〉中諸律的製作年代試探——讀《張家山漢墓竹簡》札記之四〉，收入氏著，《秦漢魏晉南北朝史論考》（北京：中國社會科學，2004），頁 146。

〔註19〕高敏指出蕭何作〈律九章〉前的漢律是直接繼承秦律，〈律九章〉中大部分的律文也都是直採秦律，所以才會有惠帝、文帝刪除苛法之說，高祖本紀中「悉除去秦法」有誇大之病。詳見高敏，〈漢初法律系全部繼承秦律說——讀張家山漢簡《秦讞書》札記〉，收入氏著，《秦漢魏晉南北朝史論考》，頁 78～84。

〔註20〕收入《法學研究》1984：6，頁 66～69。

先計畫、共同犯罪、傷害程度和犯罪主、客體身份關係對論刑的影響，點出謀殺罪律文的要旨。黃玫茵〈唐代殺人罪的法律規範〉〔註 21〕分別討論唐律六殺的定義、殺人犯罪的責任條件、六殺與身份之間的關係，並利用新、舊唐書中所記載的案例，探討律文施行的情況。該文重點在凸顯唐律和現行刑法的差異，並且對前輩學者所提出的唐律特質如：禮法關係、身份問題、誅心主義做出直接具體的呼應。

陳登武《從人世間到幽冥界：唐代的法制、社會與國家》第五章〈侵害個人法益罪——以鬥殺、故殺與謀殺爲中心〉〔註 22〕對殺人律有部分討論，包括釐清「故殺」、「鬥殺」的定義、討論「相約互殺」的法律處理，以及解釋三種特殊謀殺罪——畜蠱、毒藥和造厭魅的手法，更進一步闡述律文對特殊謀殺罪採行緣坐處罰的考量。陳氏作品以庶民犯罪爲中心，引用許多非官方性的史料，如私人文集、小說，在唐代法制研究中比較少見，材料選用有其特殊價值。

韓國學者韓相敦博士論文〈中韓傳統刑律之主觀主義立法——特別注重關於殺傷罪的故意犯、過失犯〉〔註 23〕以殺傷罪爲中心，討論中國傳統法律的主觀主義特色。韓氏將律文中的殺傷罪依犯罪意識區分爲故意殺傷（謀殺、故殺）、結合故意與過失的殺傷（鬥殺、戲殺）、過失殺傷（誤殺、過失殺）和殺傷罪的特殊型態（畜蠱、毒藥、造厭魅）四類，分別就律文結構和處罰規定進行比較，探討唐至清律對於殺傷罪規定的演變，凸顯不同罪刑之間的主觀意識差異。此外，利用清朝的判例與律文相互參照，試圖了解法律落實的狀況。韓氏指出這種以犯罪者的心理狀態來劃分罪責的處理方式是以道德非難的程度作爲法律制裁標準，不僅是傳統中華法系的一大特色，實際運作上，道德與律法的緊密結合，有助於提升法律在傳統社會中所能發揮的效力。

以上諸文雖然涵蓋唐代殺人罪的各面向，但多著重於法條解讀與釋義，實務面的個案研究以及律法的形成討論相對較少。本文擬在前人的研究基礎

〔註 21〕收入中國唐代學會、國立中正大學文學系、歷史系主編，《唐代文化學術研討會論文集》（高雄：麗文文化事業，2001），頁 691〜742。
〔註 22〕陳登武，《從人世間到幽冥界：唐代的法制、社會與國家》（台北：五南圖書，2007），第五章，〈侵害個人法益罪——以鬥殺、故殺與謀殺爲中心〉，頁 203〜248。
〔註 23〕（韓）韓相敦，〈中韓傳統刑律之主觀主義立法——特別注重關於殺傷罪的故意犯、過失犯〉（台北：臺灣大學法律學研究所博士論文，1992）

上，透過法條與實務的參較及律文溯源，呈現更爲動態的法制史，期能進一步掌握唐律之意。

第三節　本文架構

　　唐律殺人罪有兩項量刑標準，一是依殺害手法、行爲意識分爲六種，稱爲「六殺」；一是犯罪兩造之間的身份關係，包括家內與社會二層，本文二、三章分別就兩者進行討論。第二章從謀、故、鬭、誤、戲、過失六種殺人型態著手，分析六殺罪的基本定義、歷史發展，以及個別殺罪之間的處刑差異與考量；第三章探討罪刑與身份的關係，分別處理庶民殺害皇族官員、自家親屬與賤民三種對象的刑事責任、罪刑淵源與牽涉的附加刑罰規定。此外，利用筆記、小說、正史案例討論該條律文的適用情況、落實程度及其他相關法律議題。傳統認爲法律審判應考量情、理、禮等條件，尤其重視司法審判所附帶的社會教化意義，因此，討論法律落實必須留心律文以外的力量，包括政治背景、文化環境等等，筆記小說雖然不如廟堂之作來的正式，所受到的寫作約束卻也相對薄弱，有貼近社會狀況和庶民生活的優點，能夠反映民眾的法律觀念，表現影響判決的法外因素。本文第四章即從唐代筆記小說出發，討論影響法律落實的變因，如：民眾的司法價值觀、社會規則、人際慣例。唐代筆記小說以俠義主題作品涉及犯罪行爲事例最多，其中與殺人罪相關的約有十多件，犯罪動機以報恩、仗義、復仇三項最爲常見，本章以這三個議題爲主軸，探討唐代社會對於這類因素所引發的殺人犯罪觀感爲何？司法審判上如何處理？其中展現何種社會意識或法理觀？希望藉此了解官方法律落實於現實社會過程中所遭遇的問題或困難。

第二章 意識・手段・方法： 殺人與類型

第一節 問題的提出

　　皋陶云：「宥過無大，刑故無小」，[註1] 無心犯罪，大錯可赦；故意犯罪，雖小必罰，犯人的心理狀況決定其行為結果的惡性，刑事責任以主觀意識衡量，是中國傳統法律的重要特質，唐律表現十分鮮明。[註2] 唐律稱殺人行為中所含的傷害意識為「殺意」或「殺心」，殺傷罪依殺意輕重與傷害型態區分為謀殺、故殺、鬥殺、誤殺、戲殺和過失殺六種。「六殺」罪責有別，刑罰相異，在唐代成形之後，被當成殺人罪的基本模式，一直延用到清代。六殺罪是如何形成的呢？六種殺人罪型的基本定義為何？判定的依據是什麼？不同

〔註 1〕 《尚書注疏及補正》，卷四，〈虞書・大禹謨〉，頁 20～21。

〔註 2〕 這種「依心論罪」的特質源自上古時期，至西漢武帝以儒學治國，儒、法兩家參雜，在法律上逐漸形成「儒家法學化」或「法律儒家化」，董仲舒「春秋折獄」的運用更加強了中國法律強調懲罰心意的原則，影響唐律。梁治平從目的論的角度解釋傳統法律原心定罪的思維與目的，韓相敦則指出這種重視主觀意識的觀點來自傳統的「禮」、「法」關係。參見余英時，〈反智論與中國政治傳統〉，收於氏著，《歷史與思想》（台北：聯經，1986），頁 35～37。黃源盛，《漢唐法律與儒家傳統》（台北：元照，2009），第三章，〈春秋折獄的方法論與法理觀〉，頁 110～128。梁治平，〈禮與法：道德的法律化〉，收於氏著，《尋求自然秩序中的和諧》（北京：中國政法大學，2002），頁 275～285。韓相敦，〈中韓傳統刑律之主觀主義立法──特別注重關於殺傷罪的故意犯、過失犯〉，頁 35～36。

類型之間如何區別？罪責差異如何劃分？在唐代社會中有怎樣的呈現？都是本章試圖瞭解的問題。

第二節　謀殺

唐律殺人罪以謀殺處刑最重，主要是著眼於犯者久蓄害心，圖謀畫計，惡性最強，清律釋曰：「殺人以謀，情尤深毒，故爲六殺之首」，〔註3〕所謂「情尤深毒」指的就是長時間蓄積殺意，設計傷害他人性命的情事，惡意深重。

春秋戰國諸子開始使用「謀殺」一詞，許愼《說文解字》云：「慮難曰謀」，段玉裁引《國語・吳語》：「夫謀必素見成事而後履之」爲注，〔註4〕稱「謂先規劃其事之始終，曲折歷歷可見，出於萬全，而後行之也」。〔註5〕事情發生之前，先經過一段時間的設計籌畫，其中情節、步驟、過程一一詳備，然後依計實行，稱爲「謀」，前一階段相當於今日法律用語中的「預謀」；預謀之後有「已遂」與「未遂」之別，整體而言就是計畫殺人。

秦律謀殺資料十分有限，睡虎地秦簡〈法律答問〉有：「臣妾牧殺主，可（何）謂牧？欲賊殺主，未殺而得爲牧」（○七六）。〔註6〕整理小組注「牧，讀爲謀」，根據「牧」的讀音和解釋，「牧殺」顯然就是「謀殺」的意思。另一例「甲遣乙盜殺人，受分十錢，問乙高未盈六尺，甲可（何）論？當磔」（○六七）。〔註7〕秦律以身高判定行爲人是否須負擔完全刑事責任，〔註8〕「乙高未盈六尺」不符合刑事責任規定，也就是說甲指使未達成年標準的乙盜殺人被判處「磔」刑。〔註9〕這種「使人殺人」的行爲屬於唐律謀殺罪的一種，唐

〔註3〕　（清）李翰章等撰，《大清律例彙集便覽》（台北：成文，1975），卷二十六，〈人命〉，頁3513。

〔註4〕　《說文解字注》，頁163。徐元誥撰，王樹民、沈長雲點校，《國語集解》（北京：中華書局，2002），卷十九，〈吳語〉，頁537。

〔註5〕　《說文解字注》，頁488。

〔註6〕　《睡虎地秦墓竹簡》，〈法律答問〉，頁114。

〔註7〕　《睡虎地秦墓竹簡》，〈法律答問〉，頁112。

〔註8〕　栗勁，《秦律通論》（濟南：山東人民，1985），第三章第二節，「刑事責任能力與身高」，頁160～163。

〔註9〕　顏師古注漢書「改磔曰棄市」曰：「磔謂張其尸」。《漢書》，卷五，〈景帝本紀〉，頁146。冨谷至以爲「磔」是對屍體的分割曝陳，處死方式爲斬首；王關成、郭淑珍則認爲磔爲是一種處死的方式，相當於後來的肢解、凌遲。見（日）冨谷至著，柴生芳、朱恒曄譯，《秦漢刑罰制度研究》（桂林：廣西師範大學，2006），第一編第二章，〈秦的刑罰——雲夢睡虎地秦墓竹簡〉，「死罪——死

律規定由指使者負擔主要刑責，然而本案牽涉的罪行複雜，兼犯盜罪及教唆未成年犯罪，刑責不易劃分，無法判定秦律的處刑。〔註10〕

漢律已經出現「謀殺」罪，《史記‧留侯世家》裴駰注：「文成侯立十六年卒，子不疑代立。十年，坐與門大夫吉謀殺故楚內史，當死，贖爲城旦，國除」、〔註11〕〈外戚恩澤侯表〉：「元光三年，（章武）侯長生嗣，十年，元狩元年，坐謀殺人，未殺，免」。〔註12〕張家山漢簡〈二年律令‧賊律〉有：「謀賊殺、傷人，未殺，黥爲城旦舂」（○二二）、「謀賊殺、傷人，與賊同法」（○二六）。〔註13〕朱紅林對照張家山漢簡〈奏讞書〉例一六「淮陽守行縣掾新郪獄」一案所使用的律文和唐律「謀殺人」條規定，認爲〈二年律令〉中的「謀賊殺」即「謀殺」，是唐律謀殺罪的原型，朱說可從。〔註14〕

至於魏晉律，《宋書》有：「謀殺夫之父母亦棄市」之文。〔註15〕根據程樹德的考證，晉律有：「謀殺其國王、侯、伯、子、男、官長……」、〔註16〕魏律有「謀殺人而發覺者，流；從者，五歲刑。已傷及殺而還蘇者，死；從者，流。已殺者，斬；從而加功者，死；不加者，流」。〔註17〕由此可知魏晉同樣有謀殺律目，不過僅魏律內容較爲完整。北魏謀殺罪依傷害程度分爲謀而被覺、已傷及殺而還蘇、殺訖三層，有謀殺意圖而被發覺，處以流刑，已傷者死，〔註18〕殺訖者斬；又區分首從及加功與否，內容詳備，與唐律非常相似。

刑」，頁44～46。王關成、郭淑珍編著，《秦刑罰概述》（西安：陝西人民教育，1993），〈死刑‧磔刑〉，頁19～22。

〔註10〕 張晉藩，《中國古代法律制度》，頁165。

〔註11〕 （西漢）司馬遷，《史記》（北京：中華書局，1959），卷五十五，〈留侯世家〉，頁2048。《漢書》，卷十六，〈高惠高后文功臣表〉，頁540。

〔註12〕 《漢書》，卷十八，〈外戚恩澤侯表〉，頁684。

〔註13〕 《張家山漢墓竹簡【二四七號墓】》，〈賊律〉，頁137、頁138。

〔註14〕 朱紅林，《張家山漢簡二年律令集釋》（北京：社會科學文獻，2005），《〈賊律〉集釋第一》，頁33～34。

〔註15〕 （梁）沈約，《宋書》（北京：中華書局，1974），卷五十四，〈孔季恭傳〉，頁1534。

〔註16〕 程樹德，《九朝律考》（北京：中華書局，2006），卷三，〈晉律考上〉，「晉律目」，頁238。（宋）李昉等撰，《太平御覽》（北京：中華書局，1960），卷六百五十一，〈刑法〉，「除名」引晉律，頁2909。

〔註17〕 《九朝律考》，卷三，〈後魏律考上〉，「魏律佚文」，頁353。（北魏）魏收，《魏書》（北京：中華書局，1974），卷一百一十一，〈刑罰志〉，頁2882。

〔註18〕 沈家本認爲這裡的「死」指的是絞刑。（清）沈家本著，鄧經元、駢宇騫點校，《歷代刑法考》（北京：中華書局，1985），〈刑制總考三〉，「北魏」，頁35。

《唐律疏議・賊盜》「謀殺人」：

> 諸謀殺人者，徒三年；已傷者，絞；已殺者，斬。從而加功者，絞；
> 不加功者，流三千里。造意者，雖不行仍爲首；（雇人殺者亦同）。
> 即從者不行，減行者一等。（餘條不行，準此）〔註19〕

【疏】議：

> 謀殺人者，謂兩人以上，若事已彰露，謀殺不虛，雖獨一人，亦同
> 二人謀法。〔註20〕

《唐律疏議・名例》「稱日年及眾謀」云：「稱謀者，二人以上」，下注：「謀狀彰明，雖一人同二人之法」。〔註21〕謀殺是計畫性的殺害行動，具有事前準備的過程，刑責依據實際造成的傷害程度而不同。凡謀殺人意圖被發覺，即使對被害者尚未造成實際影響，仍須受罰，與後魏謀殺律規定相同。〔註22〕秦律將謀殺罪的刑責區分爲謀殺未得和殺訖，處刑不明，漢初謀而未殺黥爲城旦舂，可能是承襲秦律規定。秦漢律將謀殺罪以殺訖與否分爲二層，謀而未傷和傷而未死刑責相同，漢律的「黥爲城旦舂」在〈二年律令〉中只比死刑輕一等，〔註23〕對於謀殺未傷的處刑比唐律重。後魏律將謀殺程度分爲三層，與唐律規定一致，謀殺未傷處流僅輕於死刑一等，懲罰也比唐律嚴苛。

其次，〈名例律〉對「謀」的定義採用晉張裴的「兩人對議謂之謀」，〔註24〕按字面之意，「謀」是二人以上的共同行爲。若將正文和注文合看，「謀」之

〔註19〕 （唐）長孫無忌等撰，劉俊文點校，《唐律疏議》（北京：中華書局，1983），卷十七，〈賊盜〉，「謀殺人」（總256），頁329。

〔註20〕 《唐律疏議》，卷十七，〈賊盜〉，「謀殺人」（總256），頁330。

〔註21〕 《唐律疏議》，卷六，〈名例〉，「稱日年及眾謀」（總55），頁141。

〔註22〕 夏勇以爲唐律謀殺未成包含「未遂」和「中止」兩種狀況，律文規定應該是指謀殺未遂，即已行未得，中止的狀況不明；黃玫茵認爲律文之意即包含未遂與中止。秦律「牧」釋爲「欲賊殺，未殺而得」，包含未遂與中止；明律書「謀而已行」，計謀付諸行動即是，應包括中止在內。韓相敦指出重視主觀主義因素的傳統刑律，不得不處罰造意者或同意者之原心，任何未遂情況並不影響科罰犯者之刑事責任，所以應該包括未遂與中止。見夏勇，〈唐律中的謀殺罪〉，頁67。黃玫茵，〈唐代殺人罪的法律規範〉，頁692。韓相敦，〈中韓傳統刑律之主觀主義立法—特別注重關於殺傷罪的故意犯、過失犯〉，頁59。

〔註23〕 依據張家山漢簡〈二年律令・告律〉：「誣告人以死罪，黥爲城旦舂；它各其反罪。告不審及有罪先自告，各減其罪一等，死罪黥爲城旦舂，……」（一二六～一三一）。《張家山漢墓竹簡【二四七號墓】》，〈告律〉，頁151。

〔註24〕 《晉書》，卷三十，〈刑法志〉引張裴律表，頁928。

意則比較傾向《說文解字》的解釋，是指「有計畫的」，包含獨謀與合謀，不限於「兩人對議」。〔註 25〕宋律直接繼承唐律，宋人對律文的解釋，可以反映唐人的觀念，《宋刑統》沿用唐律將「謀」書爲「計也，二人之議謂之謀」，〔註 26〕但司馬光有更清楚的解釋。神宗時，登州發生一則犯婦阿雲持刀殺傷夫婿的案件，御史台官員與知州許遵因對律文解釋不同引發判決糾紛，皇帝命司馬光、王安石合議，司馬光對「謀殺」的說明是：「然殺傷之中，自有兩等，輕重不同：其處心積慮，巧詐百端，掩人不備者，則謂之謀」。〔註 27〕司馬光解釋「謀殺」重點在於「謀」情，有蓄意圖謀之事即可入罪，宋代判詞亦云：

> 題：持刀伏入仇人家，法司以謀殺人論，訴非，一人不伏爲謀。

> 答：挾刀獨行，雖非結客傷人，有志何異同謀？〔註 28〕

題目以「一人不伏爲謀」提訴，判文回答挾刀進入仇家乃是一種預備殺人的行爲，蓄含之意與謀殺相等，雖只一人，同爲殺謀，可知謀殺罪的判定是以犯人的事先意圖爲準，一人亦可稱「謀」。明清已降，律文繼續沿用唐律的定義，但添入了「謀字說的廣，凡有讐嫌設計定謀而殺害之者，俱是。……商量謂之謀……言謀諸人或謀諸心……」，〔註 29〕以示清楚。

　　合謀型謀殺，與人共議，人證確鑿，容易判定；獨謀於心的謀殺，若非下毒、造厭詛、造畜蠱毒之類有明顯事前準備工作可以爲證，〔註 30〕否則犯

〔註 25〕 劉俊文：「構成謀殺罪要件乃是預謀，而非參與之人數」。劉俊文，《唐律疏議箋解》（北京：中華書局，1996），卷十七，〈賊盜〉，「謀殺人」，頁 1276。

〔註 26〕 （宋）孫奭，《刑音義》，收入《叢書集成序編》（台北：新文豐，1989），第五十一冊，頁 467。《宋刑統》則全採唐律解釋，見（宋）竇儀等撰，吳翔如點校，《宋刑統》（北京：中華書局，1984），卷六，〈名例〉，頁 105。

〔註 27〕 （宋）司馬光著，王根林點校，《司馬光奏議》（太原：山西人民，1986），卷二十三，〈議謀殺巳傷案問欲舉自首狀〉，頁 260～261。

〔註 28〕 （宋）余靖著，仲荀編輯，《武溪集》（台北：新文豐，1976），卷十三，〈判詞〉，頁 14。

〔註 29〕 （明）明神宗敕撰，《大明律集解附例》（台北：學生書局，1968 年印國立中央圖書館藏明萬曆間浙江官印本），卷十九，〈刑律・人命〉，「謀殺人」，頁 1464～1465。

〔註 30〕 唐律將造畜蠱毒、以毒藥藥人、憎惡造厭魅與謀殺同列於賊盜律，對這三種犯罪有特別的處理方式。戴炎輝認爲這三項行爲的本質都是預謀殺人，故將之列爲特殊謀殺罪。參見戴炎輝，《唐律各論》（台北：成文，1988），第六編第一章第六節，〈特殊謀殺罪〉，頁 373。關於三罪的刑罰考量，見陳登武，〈論唐代特殊謀殺罪〉，《興大歷史學報》第十四期（2003），頁 13～34。

人心理狀態無從得知，有時難以判斷爲蓄意或臨時起意，爲了避免爭議，唐律對獨謀情況做了說明，【疏】議：

> 假有人持刀仗入他家，勘有仇嫌，來欲相殺，雖止一人，亦同謀法。
>
> 故云：雖一人同二人之法。〔註31〕

按【疏】議之例，判定獨謀殺害需要兩個條件，一是「預備殺人的行爲」，就是例中的「持刀仗入他家」；一是「殺人的動機」，即「勘有仇嫌」，兩者相合即所謂「事已彰露，謀殺不虛」，注解云：「謀狀彰明」是強調預謀證據的重要性。《文苑英華》收錄的一則判文提供了類似觀點，文曰：「斯驗害人無兆，本非謀殺之條」，〔註32〕沒有具體徵兆不能判爲謀殺，事先預謀的證據對謀殺罪名成立具有決定性的影響，律文要求實證既顯示愼刑之意，也符合「疑罪從輕」的精神，與清律在名例律「謀」下注：「謀狀顯著明白者」，〔註33〕沈之奇解釋：「必實有仇恨，具有造謀顯跡；或追出凶器與傷痕相符；或所用毒藥，造買有據，方可論謀」，〔註34〕意思相同。

謀殺經常是二人或多人共同犯罪，區分刑責爲另一個重點。《唐律疏議‧賊盜》「謀殺人」【疏】議：

> 謂造意爲首，受雇加功者爲從。〔註35〕

《唐律疏議‧名例》「共犯罪造意爲首」：

> 諸共犯罪者，以造意爲首，隨從者減一等。

【疏】議：

> 「共犯罪者」謂二人以上共犯，以先造意者爲首，餘並爲從。〔註36〕

提議人爲首犯，其他參與者皆爲從犯，但不知是否包含僅聽聞計謀之事者。律曰：「雖不行，仍爲首（雇人殺者亦同）」，倡議者無論是否實際參與行動都視爲主犯，責任最重，「使人殺人」就是一種標準「倡議不行」的犯罪型態，【疏】議：

> 元謀署殺，其計已成，身雖不行，仍爲首罪，合斬。〔註37〕

〔註31〕《唐律疏議》，卷六，〈名例〉，「稱日年及眾謀」（總55），頁142。

〔註32〕李歆，〈朔望秋酒判〉，收入（宋）李昉等編，《文苑英華》（北京：中華書局，1966），卷五百五十二，〈雙關門下十二道〉，頁2820。

〔註33〕（清）沈之奇著，懷效鋒、李俊點校，《大清律輯註》（北京：法律，2000），〈名例〉，「稱日者以百刻」，頁113。

〔註34〕《大清律輯註》，〈人命〉，「謀殺人」，頁654。

〔註35〕《唐律疏議》，卷十七，〈賊盜〉，「謀殺人」（總256），頁329。

〔註36〕《唐律疏議》，卷五，〈名例〉，「共犯罪造意爲首」（總42），頁115～116。

唐律以造意者爲首犯，執行者是從而加功的共犯，「使人」之人刑責重於實際殺人者。此外，從者分爲行與不行，行者又分加功與不加功，倘若謀殺未傷，自然沒有加功不加功之分。

「加功」的定義【疏】議曰：

> 同謀共殺，殺時加功，雖不下手殺人，當時共相擁迫，由其遮過，逃竄無所，既相因籍，始得殺之，如此經營，皆是加功之類，不限多少。〔註38〕

凡從事有助於殺害死者的行爲，如在過程中相互擁迫、遮圍、把風之類，雖非直接下手殺人，皆視爲加功，認定上比清律嚴格。〔註39〕唐律一般犯罪，若首從爲同居親屬，唯坐尊長，卑幼無罪，然於人身侵害罪，因罪刑重大，以凡人首從論，分別依首犯、從犯與被害者的身份關係量罪。〔註40〕

謀殺死訖，首謀處斬，從行加功處絞，刑罰不依「二死三流同爲一減」的減刑原則，〔註41〕表現政府對殺人行爲的譴責。從行不加功，流三千里；從者不行，減行者一等，【疏】議曰：「合徒三年」，是比從行不加功再減一等，因非親自下手，處刑又回復一般減刑原則。謀殺未傷和已傷未死，首者分別處以滿徒和絞的刑罰，從者律無明文。薛允升認爲六殺中以謀殺最重，依照「一重而無不重」的原則，從者應該依序減刑，律無明文是無需贅述的意思。〔註42〕

表1　唐律謀殺人首從處刑表（律文出處：總256）

傷害程度＼首從情況	謀　殺	謀殺已傷	謀殺殺訖
首謀	徒三年	絞	斬
從行加功	徒兩年半	流三千里	絞

〔註37〕　《唐律疏議》，卷十七，〈賊盜〉，「謀殺人」（總256），頁329。
〔註38〕　《唐律疏議》，卷十七，〈賊盜〉，「謀殺人」（總256），頁329。
〔註39〕　《大清律例》，卷二十六，「謀殺人」條例：「助毆傷重者，方以加功論絞」。沈之奇解釋：「下手殺人傷人，方謂加功」。見《大清律輯註》，卷十九，〈人命〉，「謀殺人」，頁654。
〔註40〕　《唐律疏議》，卷五，〈名例〉，「共犯罪造意爲首」（總42）、「共犯罪本罪別」（總43），頁115～116、頁116～117。
〔註41〕　《唐律疏議》，卷六，〈名例〉，「稱加減」（總56），頁142。
〔註42〕　（清）薛允升著，懷效鋒、李鳴點校，《唐明律合編》（北京：法律，1999），頁469。

| 從行不加功 | 徒兩年 | 徒三年 | 流三千里 |
| 從而不行 | 徒一年半 | 徒兩年半 | 徒三年 |

唐律首從規定分明，論罪須區分每位參與者的責任，尤其是釐清首犯。獨謀殺人，造意與加功都是同一人，沒有劃分問題；兩人以上合謀犯罪，從者可以多人，造意者只能一人，罪責不清楚就無法定罪。《舊唐書》記載了一個因爲首從問題延滯多年案子，《舊唐書·孝友傳》「周智壽」：

> 周智壽者，雍州同官人。其父永徽初被族人安吉所害。智壽及弟智
> 爽乃候安吉於途，擊殺之。兄弟相率歸罪於縣，爭爲謀首，官司經
> 數年不能決，鄉人或證智爽先謀，竟伏誅。〔註43〕

本案因爲兄弟兩人競相爭爲謀首，導致案件延宕數年無法決罪，可見謀殺罪區分首從並非空文，實際落實於審判中。〔註44〕

區分共同犯罪的刑責可以追溯到《尚書》，《尚書·夏書》云：「殲厥渠魁，脅從罔治」，孔穎達疏：「滅其爲惡大帥，罪止羲和之身，其被迫脅而從距王師者，皆無治責其罪」。〔註45〕多人共同所爲，惡性止於領導者一人之身，其餘協犯從輕處置，是有了區分「首」、「從」的觀念。秦簡有一例：

> 甲乙雅不相智（知），甲往盜丙，麨（才）到，乙亦往盜丙，與甲言，
> 即各盜，其臧（贓）直（值）各四百，已去而偕得。其前謀，當並
> 臧（贓）以論；不謀，各坐臧（贓）。（〇一二）〔註46〕

秦律盜罪以贓錢數目量刑，盜財越多，處刑越重。本例強調必須分辨甲、乙兩人是否事先共謀，若事先共謀，以全部犯者盜財的總數論處，所有參與者同一刑罰。這種處理方式可能也適用於殺人罪，所以前述「甲謀遣乙盜殺人」

〔註43〕 （五代）劉昫等，《舊唐書》（北京：中華書局，1975），卷一百八十八，〈孝友〉，「周智壽」，頁 4921。（宋）歐陽修等，《新唐書》（北京：中華書局，1975），卷一百九十五，〈孝友〉，作「同蹄智壽」，頁 5585。

〔註44〕 《隋書》也有類似的例子，隋代對於區分謀殺首從應該有相似的規定。《隋書》：「郎方貴，淮南人也。少有志尚，與從父弟雙貴同居。開皇中，方貴嘗因出行遇雨，淮水汎長，於津所寄渡，舩人怒之，撾方貴臂折。至家，其弟雙貴驚問所由，方貴具言之，雙貴恚恨，遂向津歐擊舩人致死。守津者執送之縣官，案問其狀，以方貴爲首，當死，雙貴從坐，當流，兄弟二人爭爲首坐，縣司不能斷，送詣州，兄弟各引咎，州不能定，二人爭欲赴水而死。州狀以聞，上聞而異之，詣特原其罪，表其門閭，賜物百段。後爲州主簿」。（唐）魏徵等，《隋書》（北京：中華書局，1973），卷七十二，〈孝義〉，「郎方貴」，頁 1668～1669。

〔註45〕 《尚書注疏及補正》，卷七，〈夏書·胤征〉，頁 12。

〔註46〕 《睡虎地秦墓竹簡》，〈法律答問〉，頁 100～101。

的例子中，甲雖然沒有親自動手，仍被判處重刑。

漢律論罪同樣強調首從，《漢書‧主父偃傳》：「偃本首惡，非誅偃，無以謝天下，迺遂族偃」、〔註47〕〈伍被傳〉：「自告與淮南王謀反，蹤跡如此，天子以伍被雅辭多引漢美，欲勿誅。張湯進曰：被首爲王畫反計，罪無赦，遂誅被」、〔註48〕顯示漢人論刑重視首從。此外，《漢書》有不少「使人殺人」的案例，如〈王子侯表〉：「樂侯義，正月封，四年，坐使人殺人，髠爲城旦」、〔註49〕〈高惠高后文功臣表〉：「（酇文終侯蕭何）獲嗣，永始元年，坐使奴殺人，減死，完爲城旦」。〔註50〕不過例子雖有，處刑卻各不相同，具體原因難以考察。

張家山漢簡〈奏讞書〉例一六「淮陽守行縣掾新郪獄」案，是一起「使人殺人」案件，可提供參考。根據李學勤考釋，本案發生於漢高祖六年（西元前201年），新郪縣令信對獄史武不滿，指使斈長蒼殺害武。蒼夥同求盜大夫布和舍人簪褭餘，於校長丙的轄地內將武殺害。最後除了已經死亡的布和在逃的餘之外，眾犯均認罪且供詞相合，〔註51〕判曰：

　　律：賊殺人，棄市，以此當蒼。

　　律：謀賊殺人，與賊同法，以此當信。（○七五～○九八）〔註52〕

本案縣令信指使蒼殺害獄史武，是謀殺行動的造意者；蒼、布、餘是實際殺人者，蒼以殺人罪棄市，信則以計謀殺人的罪名與殺人者同法，指使者與執行者處刑相同。在判詞中，實際殺人的蒼被列在指使的信之前，判文云：「謀賊殺，與賊同法」，顯示漢律罪責有偏重實際行爲者的傾向，與《漢書‧薛宣傳》引律「鬭以刃傷人，完爲城旦，其賊加罪一等，與謀者同罪」、〔註53〕及〈二年律令‧賊律〉：「謀賊殺、傷人，與賊同法」，行文相合，至晉律亦有「受教殺人，不得免死」的規定，〔註54〕明顯與唐律治罪重點不同。換句話說，漢律比較傾向實際犯罪的行爲人，倡議者與執行者沒有刑罰差異；唐律則看重主觀惡意來源，

〔註47〕《漢書》，卷六十四上，〈主父偃傳〉，頁2804。
〔註48〕《漢書》，卷四十五，〈伍被傳〉，頁2174。
〔註49〕《漢書》，卷十五下，〈王子侯表〉，頁503。
〔註50〕《漢書》，卷十六，〈高惠高后文功臣表〉，頁544。
〔註51〕完整釋文參見李學勤，〈《奏讞書》解說（上）〉，收入《文物》1993：8，頁26～28。
〔註52〕《張家山漢墓竹簡【二四七號墓】》，〈奏讞書〉，頁219～220。
〔註53〕《漢書》，卷八十三，〈薛宣傳〉，頁3395。
〔註54〕《晉書》，卷三十六，〈衛瓘傳〉，頁1060。

而且刑事責任清楚表現在刑罰差異上。

　　晉張裴〈律表〉二十個釋名中，有「倡首先言謂之造意」〔註55〕，倡是唱議，以首先提議的人為犯罪造意者。稍晚的後魏律有「諸共犯罪，皆以發意為首」，〔註56〕顯示刑罰重點已經傾向倡議人，而且刑責劃分清楚，以首犯為重，唐律顯然承襲了後魏律。對於共同犯罪的犯人分別量刑，是律法對共同犯罪觀念成熟的表現，〔註57〕也體現了「經義折獄」的影響，所謂「春秋之義誅首惡而已」、〔註58〕「聞春秋誅惡及本，本誅則惡消」、〔註59〕「春秋之義，原心定罪」，〔註60〕都強調治罪重點在於懲罰惡意的來源，重首輕從。就殺人罪而言，區分刑責可以減少死刑人數，「殺人者死」雖然含有以命抵命的補償觀念，但如果以數命抵一命，則非政府所樂見，從死亡人數看，唐律的處理較漢律為佳。

　　唐代有不少殺人犯罪的案例，然而內容若非藉事闡揚某些論點（像是「命定論」、「報應觀」之類）就是過程或結果交代不清，難以分辨為謀殺、故殺或鬥殺，情況明顯可知的案例又多為復仇或政治事件。復仇涉及問題廣泛，處理不一，擬於後述；牽涉政治案件如太宗第五子李祐，性輕躁，太宗以權萬紀輔之，祐與萬紀交惡，遣人殺之。史載：

> 祐及君謩以此銜怒，謀殺萬紀。會事洩，萬紀悉收繫獄，而發驛奏聞。十七年，詔刑部尚書劉德威往按之，并追祐及萬紀入京，祐大懼。俄而萬紀奉詔先行，祐遣燕弘信兄弘亮追于路射殺之。既殺萬紀，君謩等勸祐起兵，乃召城中男子年十五已上，偽署上柱國、開府儀同三司，開官庫物以行賞。驅百姓入城，繕甲兵。署官司，其官有拓東王、拓西王之號。……祐遂出就擒，餘黨悉伏誅。行敏送祐至京師，賜死於內省，貶為庶人，國除。尋以國公禮葬之。〔註61〕

〔註55〕《晉書》，卷三十，〈刑法志〉引張裴律表，頁928。
〔註56〕《魏書》，卷一百一十一，〈刑罰志〉，頁2883。
〔註57〕張晉藩、林中、王志剛著，《中國刑法史新論》（北京：人民法院，1992），頁332。
〔註58〕《漢書》，卷七十七，〈孫寶傳〉，頁3258。
〔註59〕（南朝宋）范曄，《後漢書》（北京：中華書局，1965），卷七十九，〈楊倫傳〉，頁2564。
〔註60〕《漢書》，卷八十三，〈薛宣傳〉，頁3395。
〔註61〕《舊唐書》，卷七十六，〈太宗諸子〉，「庶人祐」，頁2657～2658。（宋）司馬

李祐派人殺害權萬紀後，據地起兵，僞立官署，但是得不到地方的支持，最後被杜行敏擒送京師，賜死於內省。本案涉及謀殺與謀反二罪，主事者李祐身爲皇子，唐律規定皇親犯法可另行議罪，《唐律疏議‧名例》「八議者」：

> 諸八議者，犯死罪，皆條所坐及應議之狀，先奏請議，議定奏裁；流罪以下，減一等。其犯十惡者，不用此律。

【疏】議：

> 此名「議章」。八議人犯死罪者，皆條錄所犯應死之坐及錄親、故、賢、能、功、勤、賓、貴等應議之狀，先奏請議。依令，都堂集議，議定奏裁。〔註62〕

皇親範圍八議「議親」注：

> 謂皇帝袒免以上親及太皇太后、皇太后緦麻以上親，皇后小功以上親。〔註63〕

不過依「二罪俱發從重者論」的原則，〔註64〕謀反重於謀殺，又涉及「十惡」，不用議減之律，李祐被賜死合於法律規定。

中宗朝發生王同皎、張仲之等謀殺武三思案，《新唐書》載：「王同皎、周憬、張仲之等不勝憤，謀殺之，爲冉祖雍、宋之愻、李悛所白，皆坐死」。〔註65〕王同皎等預謀殺害武三思，遭人告發，三人皆下獄處死。按唐律，謀殺未傷只處以滿徒，且僅倡議者須受重刑，餘犯可依序減罪，本案判決明顯不合於律。當時審判情況《新唐書》云：

> 姚紹之，湖州武康人。初以鸞臺典儀累遷監察御史。中宗時，武三思丞僭不軌，王同皎、張仲之、祖延慶等謀殺之，事覺，捕送新開獄，詔紹之與左臺大夫李承嘉按治。初欲原盡其情，會敕宰相李嶠等同訊，執政畏禍，粗減無所問。囚嘑曰：「宰相有附三思者。」……仲之固言三思反狀，紹之怒，擊折其臂，囚呼天曰：「吾雖死，當訴爾於天！」因裂衫束之，卒誣以謀反，皆論族。〔註66〕

　　光編著，《資治通鑑》（北京：中華書局，1956），卷一百九十六，〈唐紀十二太宗中之中〉，「貞觀十七年二月戊申」，頁6186～6188。
〔註62〕《唐律疏議》，卷二，〈名例〉，「八議者（議章）」（總8），頁32。
〔註63〕《唐律疏議》，卷一，〈名例〉，「八議」（總7），頁17。
〔註64〕《唐律疏議》，卷六，〈名例〉，「二罪從重」（總45），頁123。
〔註65〕《新唐書》，卷二百六，〈外戚〉，「武三思」，頁5841。
〔註66〕《新唐書》，卷二百九，〈酷吏〉，「姚紹之」，頁5911。

審案的李嶠、李承嘉、姚紹之因爲畏懼武后及三思的勢力,不但沒有詳細審問,還將謀殺武三思之事擴大爲黜后謀反,〔註67〕政治考量影響法律判決,是典型的政治冤獄。

藩鎮割據時期政治性謀殺案件亦所在多見,如:憲宗時鎮將李師道謀殺宰相武元衡、〔註68〕李希烈部下周曾等人謀殺李希烈、〔註69〕王廷湊謀殺成德軍田弘正將吏自稱留後等等,〔註70〕晚唐裴鉶的〈聶隱娘〉、袁郊的〈紅線〉都是描寫藩鎮之間相互暗算之事。藩鎮勢力強大,驕縱抗命,法律效力難以落實,朝廷甚至還必須遷就籠絡,而且這類案件涉及整體政治環境,情況複雜,即使政府有力懲處,也不一定選擇依法辦理。

第三節　故殺

「故」,《尚書・虞書》云:「宥過無大,刑故無小」,〔註71〕孔安國和孔穎達都解爲「故犯」。《說文解字》將「故」釋爲「使爲之也」,注云:「凡爲之必有所使之者,使之而爲之則成故事矣。《墨子・經上》曰:『故,所得而後成也』」。〔註72〕因爲某種緣故而爲,爲了達到既定目的而做,「故」指行爲本身具有清楚的結果意識,因此也被用來表示因果關係的連接詞。

將「故」用於犯罪行爲如:《漢書》〈張敞傳〉:「臣敞賊殺無辜,鞠獄故不直」,〔註73〕「賊」是有意傷害,「故」同樣指刻意的行爲。〈刑法志〉:「於是招進張湯、趙禹之屬,條定法令,作見知故縱監臨部主之法,緩深故之罪」,顏師古注:「見知人犯法不舉告爲故縱」,解釋「緩深故之罪」爲「吏深害及故入人罪者」,〔註74〕兩個「故」字皆指有心作爲之意。晉張裴〈律表〉定義「知而犯之謂之故」,知道事情的結果而犯稱爲「故」,與下一句「意以爲然

〔註67〕　《舊唐書・忠義上》:「三思乃遣校書郎李悛上言:『同皎潛謀殺三思後,將擁兵詣闕,廢黜皇后。』帝然之,遂斬同皎于都亭驛前,籍沒其家。臨刑神色不變,天下莫不冤之」。《舊唐書》,卷一百八十七,〈忠義上〉,「王同皎」,頁4878。

〔註68〕　《舊唐書》,卷一百五十八,〈武元衡傳〉,頁4160〜4161。

〔註69〕　《舊唐書》,卷一百一十五,〈李承傳〉,頁3379〜3380。

〔註70〕　《舊唐書》,卷一百四十二,〈王廷湊傳〉,頁3885。

〔註71〕　《尚書注疏及補正》,卷四,〈虞書・大禹謨〉,頁20〜21。

〔註72〕　《說文解字注》,頁219。

〔註73〕　《漢書》,卷七十六,〈張敞傳〉,頁3225。

〔註74〕　《漢書》,卷二十三,〈刑法志〉,頁1101。

謂之失」相對。「意」爲「識」，心之所識，〔註75〕心中的意識與實際結果有別稱爲「失」，相反的，意識與結果相合則爲「故」，「故」有已知行爲結果而爲的意思，「故殺」就是故意、有意的殺人。

《尙書》記載舜、禹、皋陶討論治民之道，皋陶點出「故刑過宥」的道理，故意犯罪，即使是小過也要追究刑責。西周初年，周公東征後以成王的名義訓誡康叔，其中〈康誥〉講述刑罰原則：

> 凡行刑罰，汝必敬明之，欲其重愼。人有小罪，非眚，乃惟終，自作不典，式爾，有厥罪小，乃不可不殺。

孔穎達疏：

> 刑罰須明其犯意，人有小罪，非過誤爲之，乃惟終身自爲不常之行，用犯汝，如此者，有其罪小，乃不可不殺，以故犯而不可赦；……
> 即原心定罪，斷獄之本，所以須敬明之也。〔註76〕

處理司法案件必須釐清犯者心態，故意犯罪嚴重侵犯政府威令與社會秩序，小罪亦罰，嚴懲不宥。

睡虎地秦簡〈法律答問〉有：

> 甲告乙盜牛若賊傷人，今乙不盜牛、不傷人，問甲可（何）論？端爲，爲誣人；不端，爲告不審。（○四三）〔註77〕

又

> 士五（伍）甲盜，以得時直（值）臧（贓），臧（贓）值過六百六十，吏弗直（值），其獄鞫乃直（值）臧（贓），臧（贓）直（值）百一十，以論耐，問甲及吏可（何）論？甲當黥爲城旦，吏爲失刑辠（罪），或端爲，爲不直。」（○三三、○三四）〔註78〕

秦律稱故意犯罪爲「端爲」，犯罪根據是否出於故意，懲罰不同。〔註79〕《漢書‧薛宣傳》引律「鬭以刃傷人，完爲城旦，其賊加罪一等，與謀者同罪」，〔註80〕「賊」是有意傷害，顯示漢律加重故意犯的刑責。〔註81〕漢代雖然沒

〔註75〕《說文解字注》，頁876。
〔註76〕《尙書注疏及補正》，卷十四，〈周書‧康誥〉，頁22。
〔註77〕《睡虎地秦墓竹簡》，〈法律答問〉，頁103。
〔註78〕《睡虎地秦墓竹簡》，〈法律答問〉，頁103。
〔註79〕南玉泉，〈張家山漢簡《二年律令》所見刑罰原則〉，收入中國社會科學院簡帛研究所編，《張家山漢簡《二年律令》研究文集》（桂林：廣西師範大學，2007），頁250。
〔註80〕《漢書》，卷八十三，〈薛宣傳〉，頁3395。

有「故殺」罪名，但漢人所謂「殺人不忌爲賊」的「賊殺」，與杜預曰：「專輒殺人無所忌畏，謂之賊害」、〔註82〕北宋司馬光解釋故殺的「直情逕行，略無顧慮，公然殺害者，則謂之故」意思相同。〔註83〕清末沈家本也主張「殺人不忌」就是「有心爲之」，稱之爲「賊」，漢律「賊殺」即爲「故殺」，學者多同意這種說法。〔註84〕漢律對故意之人身侵害罪的「賊殺」刑以「棄市」，即公開斬首，〔註85〕賊傷加鬥傷一等，與唐律規定大致相同。

《唐律疏議·鬥訟》「鬥故殺人」：

> 諸鬥毆殺人者，絞。以刃及故殺人者，斬。雖因鬥而用兵刃殺者，與故殺同。

【疏】議：

> 以刃及故殺者，謂鬥而用刃，即有害心，及非因鬥爭，無事而殺，是名故殺。〔註86〕

將律文與【疏】議合看，故殺的定義是「非因鬥爭，無事而殺」，這八個字如何解釋？中唐白居易〈論姚文秀打殺妻狀〉云：

> 據刑部及大理寺所斷，准律：非因鬥爭，無事而殺者，名爲故殺。今姚文秀有事而殺者，則非故殺，據大理司直崔元式所執，准律：相爭爲鬥，相擊爲毆，交鬥致死，始名鬥殺。今阿王被打狼籍以致於死，姚文秀檢驗身上一無損傷，則不得名爲相擊。阿王當夜已死，又何以名爲相爭？既非鬥爭，又蓄怨怒，即是故殺者。右按律疏云：不因爭鬥，無事而殺，名爲故殺。此言事者謂爭鬥之事，非該他事。

〔註81〕 張晉藩認爲故意從重自西周起便成爲一條通行的刑法原則，漢律將它進一步具體化。以殺人罪爲例，漢律中凡屬故意殺人，一般均處死刑。詳見氏著，《中國古代法律制度》，頁293。

〔註82〕 《左傳杜林合注》，卷三十九，〈昭公十四年〉，「晉邢侯與雍子爭鄐田」條，頁761。

〔註83〕 《司馬光奏議》，卷二十三，〈議謀殺巳傷案問欲舉自首狀〉，頁261。

〔註84〕 《歷代刑法考》，〈漢律摭遺卷五 賊律三〉，「賊殺人」，頁1463。參見張晉藩，《中國古代法律制度》，頁165。（日）水間大輔，〈秦律、漢律中的殺人罪類型——以張家山漢簡《二年律令》爲中心〉，收入中國秦漢史研究會編，《秦漢史論叢》（西安：三秦，2004），第九冊，頁326～334。

〔註85〕 〈二年律令·賊律〉：「賊殺人，棄市」（〇二一）。《張家山漢墓竹簡【二四七號墓】》，〈賊律〉，頁137。杜欽，《漢代刑罰制度》（台北：臺灣師範大學歷史學研究所博士論文，2004），第三章第一節，〈死刑〉，「棄市」，頁101～110。

〔註86〕 《唐律疏議》，卷二十一，〈鬥訟〉，「鬥故殺人」（總306），頁387。

今大理刑部所執，以姚文秀怒妻有過，即不是無事。既是有事，因而毆死，則非故殺者。此則唯用無事兩字，不引爭鬪上文。如此是使天下之人皆得因事殺人，殺人了，即曰我有事而殺，非故殺也。如此可乎？且天下之人豈有無事而殺人者？<u>足明事謂爭鬪之事，非他事也</u>。又凡言<u>鬪毆死者，謂事素非憎嫌，偶相爭鬪。一毆一擊，不意而死</u>。如此則非故殺，以其本原無殺心。今姚文秀怒妻頗深，挾恨既久，毆打狼籍，當夜便死。察其情狀，不是偶然。此非故殺，孰爲故殺？若以先因爭罵，不是故殺，即如有謀殺人者先引相罵，便是交爭。一爭之後，以物毆殺了，則曰我因有事而殺，非故殺也。又如此可乎？設使因爭，理猶不可，況阿王已死，無以辨明。姚文秀自云相爭，有何憑據？……

奉勅：姚文秀殺妻，罪在惡，若從宥免，是長兇愚。其律縱有互文，在理終須果斷，宜依白居易狀，委所在決重杖一頓處死。〔註87〕（線爲筆者自加）

狀名下注：長慶二年（822）五月十一日奏。白居易時年五十一歲，任職中書舍人。唐代中書舍人參酌獄訟似爲舊制，至文宗大和四年（830）大理少卿崔杞奏罷。〔註88〕依狀文所言，故殺律【疏】議中的「事」指的是「鬪爭之事」，而非他事，〈名例律〉「除名」【疏】議亦云：「『故殺人』，謂不因鬪競而故殺者」。〔註89〕「鬪爭」的定義「相爭爲鬪，相擊爲毆」，〔註90〕指雙方素無嫌隙，偶然遇事爭執，互相以言語或肢體攻擊對方，你來我往，無論傷勢輕重尚可說是鬪爭；若本有嫌隙，或是只有一方一味攻擊另一方，恃強凌弱，不算鬪爭。案文中姚文秀供稱與妻鬪爭致死，從實際證據看，姚文秀既持嫌怨，又沒有傷痕；阿王卻傷勢嚴重，當夜即死，故姚文秀之說不足採信，非屬鬪殺，以故殺罪論處獲准。本案因涉及「故」、「鬪」殺之別，早爲學者所重，清末沈家本指出該例點明「被打狼籍」不應援引鬪

〔註87〕（唐）白居易著，朱金城箋校，《白居易集箋校》（上海：上海古籍，1988），〈論姚文秀打殺妻狀〉，頁3409～3411。

〔註88〕《新唐書》，卷五十六，〈刑法志〉，頁1417～1418。（宋）潘自牧，《記纂淵海》，收入《景印文淵閣四庫全書》，第九百三十冊，卷三十一，〈職官〉，引《續通典》「大理卿」，頁688。

〔註89〕《唐律疏議》，卷二，〈名例〉，「除名」（總18）疏議，頁47。

〔註90〕《唐律疏議》，卷二十一，〈鬪訟〉，「鬪毆以手足他物傷」（總302）疏議，頁383。

殺法，〔註91〕陳登武則針對狀文的產生有司法制度與刑罰的討論。〔註92〕

北宋後期，徽宗建中靖國元年（1101）五月，大理卿周鼎言有云：

> 殊不知所謂無事而殺者，以言無彼此爭鬭之事而殺人者，是名故殺。
> 若謂不必鬭爭，但緣他事而殺者不當爲故，則律之立文奚不曰：「有
> 事殺人，絞」而曰：「鬭殺人，絞」，不曰：「無事殺人，斬」而云：
> 「故殺人，斬」以此質之，法意可見。〔註93〕（線爲筆者自加）

周鼎言指出對照律文前後敘述，「事」指的就是「爭鬭」，同理，「無事而殺」即無爭鬭之事而殺人，回應了白居易的解釋。

秦漢律已經區分故意殺和鬭殺，唐律繼承這個原則。鬭殺爲偶然相爭，雙方忿怒之下一時情緒性的攻擊行爲並不具有致人於死的意圖，刑責較輕；反之，若沒有發生鬭爭，即心緒清明下仍攻擊對方至死，就是有心殺害，與律文「若子孫違犯敎令，而祖父母、父母毆殺者，徒一年半；以刃殺者，徒二年。故殺者，各加一等」【疏】議「謂非違犯敎令而故殺者」之義相同。〔註94〕子孫違反敎令，祖父母父母氣憤，出手敎訓，失手致死，本無殺意，刑罰較輕；若不然，出手擊殺子孫即故意爲之，是爲「故殺」。再與「主毆部曲死」【疏】議：「謂非因毆打，本心故殺者」對照，〔註95〕可知唐律「故殺」是指在沒有鬭爭的情況下，有心殺人的行爲。

「鬭殺」與「故殺」的處刑差異基於傷害意識的不同，鬭殺事出突然，無意取人性命，然而爭鬥之中如有下述兩種情況任一，則視爲有殺心，以故殺罪處理。一、「鬭毆殺用兵刃」，〈鬭訟律〉「兵刃斫射人」【疏】議注：「刃謂金鐵，無大小之限，堪以殺人者」。〔註96〕爭鬭過程中使用能傷人性命的武器，表示有意殺害對方，視同「故殺」。本條注：若對方先使用兵刃攻擊，被攻擊者以兵刃防衛，由此殺害對方，仍依鬭殺法，是爲例外。二、「雖因鬭，但絕時而殺傷者，從故殺傷法」，【疏】議：

> 「雖因鬭，但絕時而殺傷者」，謂忿競之後，各已分散，聲不相接，

〔註91〕《歷代刑法考》，〈寄簃文存〉，卷二，「論故殺」，頁 2065～2066。

〔註92〕陳登武，《從人世間到幽冥界：唐代的法制、社會與國家》，第五章第二節之一，「姚文秀打殺妻案」，頁 206～210。

〔註93〕（元）馬端臨著，《文獻通考》（台北：新興書局，1958），卷一百六十七，〈刑制〉，頁 1452。

〔註94〕《唐律疏議》，卷二十二，〈鬭訟〉，「毆詈祖父母父母」（總 329），頁 414。

〔註95〕《唐律疏議》，卷二十二，〈鬭訟〉，「主毆部曲死」（總 322），頁 406～407。

〔註96〕《唐律疏議》，卷二十一，〈鬭訟〉，「兵刃斫射人」（總 304），頁 385。

　　去而又來殺傷者，是名「絕時」，從故殺傷法。〔註97〕

兩人雖有爭鬪情事，然當下鬪毆動作已經結束，人已兩散，彼此聲音互不相聞，之後又復來殺害，即是心懷仇隙，有意殺人，如此致死，同為故殺。

　　另一種例外情況發生於捕囚過程，罪人因拒捕毆擊捕盜致死，雙方雖有爭鬪，但拒捕係罪人更行犯罪，不依鬪殺法處絞，加重計罪處斬，刑罰與故殺相當。〔註98〕這種處理方式秦代已然，〈法律答問〉有：「求盜追捕罪人，罪人格殺求盜，問殺人者為賊殺人，且鬪殺？鬪殺人，廷行事為賊」（〇六六）。〔註99〕「廷行事」指判例，秦代判例將罪人在拒捕爭鬪過程中殺害求盜的行為加刑為賊（故）殺罪，唐律沿襲。

　　故殺與謀殺主觀意識都是有心致死，惡性重大，刑罰均為最重的「斬」，唐代後期更加重了故殺傷罪的處罰。文宗大和四年（830）正月一日制節文：「故殺人者，雖已傷未死，已死更生，意欲殺傷，偶得免者，並同已殺人處分」。〔註100〕考慮到無論被害者傷勢輕重，均不減加害者傷人意識之惡，所以加重傷而未死的刑罰，與殺訖相同。這項修改原因不明，但表現出唐代後期的法律在故殺傷罪的處理上，更進一步懲罰犯者的主觀傷害意圖而不計其實際行為結果差異。

　　唐律將用刃視為「故」，不用刃視為「鬪」，宋人已有疑義。北宋毛滂討論一則鬪毆殺人案時指出：用刃謂有殺心，難道不用刃就可以說沒有殺心嗎？〔註101〕明清律鬪毆殺人不分金刃手足均視為鬪殺，許多律學家同意若存心致人於死，不用刀刃亦可達到目的，何需考量使用器械。〔註102〕如果說不以持刃為別是顯示明清律主觀主義精神比唐律更重的話，這種法律變化可能自宋代已始。〔註103〕然而，清末律學家薛允升針對這項修正提出異議，他認為個

〔註97〕《唐律疏議》，卷二十一，〈鬪訟〉，「鬪故殺人」（總306），頁388。

〔註98〕《唐律疏議》，卷二十八，〈捕亡〉，「罪人持仗拒捕」（總452），頁528。

〔註99〕《睡虎地秦墓竹簡》，〈法律答問〉，頁112。

〔註100〕《宋刑統》，卷二十一，〈鬪訟律〉，「鬪故殺人」，頁329。

〔註101〕毛滂，字澤民，號東堂老人。哲宗元祐時，出任杭州法曹、饒州法曹，後為武康令、秀州知州等官。參見（宋）毛滂著，周少雄點校，《毛滂集》（杭州：浙江古籍，1999），卷八，〈上饒州安太守論朱遘獄書〉，頁187。〈毛滂簡譜〉，頁280～291。

〔註102〕參見（明）雷夢麟著，懷效鋒、李俊點校，《讀律瑣言》（北京：法律，2000），卷十九，〈人命〉，「鬪毆及故殺人」，頁353。《大清律輯註》，卷十九，〈人命〉，「鬪毆及故殺人」，頁654。

〔註103〕參見韓相敦，〈中韓傳統刑律之主觀主義立法——特別注重關於殺傷罪的故意

人心意無從判定，只能靠犯者自述，明清律法不以實際表現爲準，卻以有意、無意的說法來判斷，並不恰當。〔註104〕

第四節　鬥殺

「鬥」，從「鬥」部，「鬥」《說文解字》解爲：「兩士相對，兵杖在後，象鬥之形」，段玉裁修正爲象兩士持兵杖相對之形。〔註105〕《說文解字》：「鬥，遇也」，注：「凡今人用鬥接，是遇之理也。《周語》：『穀雒鬥，將毀王宮。』謂二水本異道，而忽相接合爲一也。古凡鬥皆用鬥字，鬥爭用鬥字，俗皆用鬥爲爭競，而鬥廢矣」。〔註106〕「鬥」的本意是「遇」、「接」，卻一直被用來取代「鬥」字使用，表示兩方持武器相對，相互爭競的意思，張裴〈律表〉定義：「兩訟相趣謂之鬥」，〔註107〕唐律云：「相爭爲鬥」，皆爲此意。

一般認爲法律禁止人民爭鬥始於商鞅，商鞅變法有「爲私鬥者，各以輕重被刑」，〔註108〕人民私相鬥毆構成犯罪，刑罰依傷勢輕重論處，然而當時禁止人民私鬥應不止秦國一地，荀子曰：

> 鬥者，忘其身者也，忘其親者也。行其少頃之怒，而喪終身之軀，然且爲之，是忘其身也；室家立殘，親戚不免乎刑戮，然且爲之，是忘其親也；君上之所惡，刑法之所大禁也，然且爲之，是忘其君也。憂忘其身，內忘其親，上忘其君，是刑法之所不舍也，聖王之所不畜也。〔註109〕

唐楊倞注：「蓋當時禁鬥殺人之法，戮及親戚。尸子曰：『非人君之用兵也』以爲民傷鬥，則以親戚殉，一言而不改之也」。戰國時代政府明法禁止私鬥，因爲人民私相爭鬥破壞社會秩序，人口傷亡則影響國力，還會增加家族間的仇隙，後患無窮，所以政府嚴格禁止這類行爲，不僅當事人受罰，甚至罪連親屬。

犯、過失犯〉，頁88。

〔註104〕（清）薛允升著，黃靜嘉編校，《讀例存疑》（台北：成文，1970），卷三十三，「鬥毆及故殺人」，頁830。

〔註105〕《說文解字注》，頁204。

〔註106〕《說文解字注》，頁204。

〔註107〕《晉書》，卷三十，〈刑法志〉引張裴律表，頁928。

〔註108〕《史記》，卷六十八，〈商君列傳〉，頁2230。

〔註109〕《荀子校釋》，卷二，〈榮辱篇〉，頁123～124。

　　睡虎地秦簡〈法律問答〉中的鬬毆傷罪，刑罰以傷勢、使用武器劃分，例如：「鬬夬（決）人耳，耐」（○八○）。[註110]「耐」是剃去鬚、眉等顏毛，或用來指稱比肉刑或附加肉刑的勞役刑輕的勞動處罰總稱。[註111]「或與人鬬，縛而盡拔其須麋（眉），論可（何）毆（也）？當完城旦」（○八一）。[註112]「完」是相對於「刑」的處理，指肉體的完整，城旦爲徒刑的一種。[註113]「鬬以箴（針）、鈹、錐，若箴（針）、鈹、錐傷人各可（何）論？鬬，當貲二甲；賊，當黥爲城旦」（○八六）。[註114] 使用針、錐之類的尖銳小物鬬毆處「貲」，是一種財產刑，二甲是貲刑的上限；[註115] 如果故意用物傷人則須黥顏爲城旦。「鈹，戟予有室者，拔以鬬，未有傷毆（也），論比劍」（○八五）。[註116] 整理小組注「鈹」爲「兵器，《說文》：劍如刀裝者」，「室」爲「鞘」。使用像刀劍一類有護鞘的兵器鬬毆，雖未傷人，仍依持刀劍比鬬論處。

　　漢律延續秦律，使用金屬兵器相鬬罪加一等，張家山漢簡〈二年律令〉：

> 鬬以釛及鐵銳、錘、椎傷人，皆完爲城旦舂。其非用此物而盯人，折枳、齒、紙、胅體，斷決鼻、耳者，耐。其毋傷也，下爵毆上爵，罰金四兩。毆同死（列）以下，罰金二兩；其有痍痏及□，罰金四兩。（○二七、○二八）[註117]

「以刃鬬」殺傷他人，皆「完爲城旦舂」，未傷則處以罰金，如果爭鬬致死，是爲鬬殺，根據〈二年律令・賊律〉：「賊殺人、鬬而殺人，棄市」。[註118] 漢初鬬殺與故意殺人一樣處以「棄市」刑，兩罪刑罰相當，《漢書・刑法志》

[註110]《睡虎地秦墓竹簡》，〈法律答問〉，頁115。
[註111]（日）冨谷至著，柴生芳、朱恒曄譯，《秦漢刑罰制度研究》，第一編第二章，〈秦的刑罰——雲夢睡虎地秦墓竹簡〉，「刑、耐、黥、完、罪」，頁11～13。
[註112]《睡虎地秦墓竹簡》，〈法律答問〉，頁115。
[註113]《秦漢刑罰制度研究》，第一編第二章，〈秦的刑罰——雲夢睡虎地秦墓竹簡〉，「刑、耐、黥、完、罪」，頁13～17。「勞役刑」，頁28～31。杜欽，〈漢代刑罰制度〉，第三章第二節，〈肉刑與徒刑〉，「髡、耐、完與肉刑的關係」，頁111～118。
[註114]《睡虎地秦墓竹簡》，〈法律答問〉，頁116。
[註115] 孫明芸，〈秦漢勞役刑與財產刑之研究〉（台南：國立成功大學歷史研究所碩士論文，2005），第五章第一節之一，「秦律中的貲刑」，頁88～92。呂中名，〈秦律貲罰制考論〉，收入楊一凡總主編，《中國法制史考證》，甲編第二卷（歷代法制考），第一冊，〈戰國秦法制考〉（馬小紅主編），頁50～51。
[註116]《睡虎地秦墓竹簡》，〈法律答問〉，頁116。
[註117]《張家山漢墓竹簡【二四七號墓】》，〈賊律〉，頁138。
[註118]《張家山漢墓竹簡【二四七號墓】》，〈賊律〉，頁137。

載：「成帝鴻嘉元年（西元前 20 年）定令，年未滿七歲，賊鬭殺人及犯殊死者，上請廷尉以聞，得減死」。〔註119〕可見至西漢後期，鬭殺人和賊殺人兩罪還是採取同樣的刑罰。

　　唐律對鬭毆的處理與秦漢律相似，依毆擊方式和傷勢論罪。毆擊方式分爲徒手、用刃、用非刃之其他武器三種，用刃攻擊，即使沒有傷害對方，基本刑罰就是「杖一百」，若有損傷，則徒二年，刑罰頗重。〔註120〕律文解釋用刃代表有殺心，遂依故殺傷法，北宋韓維說：「蓋損傷於人，有慘痛輕重之差。故刃傷者，坐以徒；他物拳手傷者，坐以杖。其義足以相償而止，是量情而取當者也」。〔註121〕法律對鬭毆罪刑罰的考量，不僅依據加害者主觀傷害意識的惡性，亦含有相當相償之意。

　　《唐律疏議・鬭訟》「鬭故殺」：

> 諸鬭毆殺人者，絞。以刃及故殺人者，斬。雖因鬭，而用兵刃殺者，
> 與故殺同。〔註122〕

明代雷夢麟解釋：「鬭毆殺人者，謂本因忿爭，與人相鬭而毆，雖無殺人之心，若其人被鬭而死，實我殺之也」。〔註123〕「鬭」的本意雖不在「殺」，不過因鬭而亡，依然是死於具攻擊意識的傷害行爲之下，所以刑罰上「鬭殺」和「故殺」都是死刑，以殺抵殺，但考慮到主觀心意差異，無殺人之心的鬭殺處全屍的絞，蓄意致死的故殺處斬，與漢律皆刑棄市不同。〔註124〕漢律將鬭殺與故意殺人同刑論處可能是延續秦律「嚴禁私鬭」的精神，唐律對於「鬭殺」和「故殺」的懲罰差異則展現了加重區分主觀心意的特點。〔註125〕

〔註119〕《漢書》，卷二十三，〈刑法志〉，頁 1106。
〔註120〕《唐律疏議》，卷二十一，〈鬭訟〉，「兵刃斫射人」（總304）：「因鬭遂以兵刃斫射人，不著者，杖一百。……若刃傷，及折人肋，眇其兩目、墮人胎，徒二年」，頁 385。
〔註121〕（宋）韓維，《南陽集》，收入《景印文淵閣四庫全書》，第一千一百一冊，卷二十六，〈議謀殺法狀〉，頁 721。
〔註122〕《唐律疏議》，卷二十一，〈鬭訟〉，「鬭故殺人」（總306），頁 387。
〔註123〕《讀律瑣言》，卷十九，〈人命〉，「鬭毆及故殺人」，頁 352～353。
〔註124〕《唐律疏議》，卷二十一，〈鬭訟〉，「鬭故殺人」（總306）疏議：「鬭毆者，原無殺心，因相鬭毆而殺人者，絞」，頁 387。
〔註125〕錢大群認爲唐律對鬭殺的減刑，顯示出律法的成熟。「雖然肯定鬭毆殺傷罪之『鬭毆者元（原）無殺心』，但仍規定『因相鬭毆而殺人者，絞』因爲鬭毆本身就是一種加害行爲，所以鬭毆殺傷人，既不依故意殺人論處斬，也不依過失殺人論贖，這是唐律中鬭毆殺人的特殊性。從唐律的制訂者看來，『鬭毆殺傷人』罪主觀情況是處在故意殺傷和過失殺傷之間的一種特殊的情況」。錢大

對於鬥毆造成的人身傷害，法律有「保辜」制度，辜限依傷勢輕重不等。辜限內因傷致死，從「鬥殺」罪，若非單純因傷而亡，加害人只需負擔傷勢部分的刑責。《唐律疏議‧鬥訟》「保辜」：

> 限內死者，各依殺人論；其在限外及雖在限內，以他故死者，各依
> 本毆傷法。[註126]

唐律「保辜」制度沿襲前代，[註127] 睡虎地秦簡〈法律答問〉有「人奴妾治（笞）子，子以枯死，黥顏，畀主」（○七四）。[註128] 整理小組注：「枯（音枯），讀爲痼，久病」，張家山漢簡整理小組認爲「枯」等於漢簡中的「辜」，是保辜的意思，學者大多傾向支持後者。[註129] 漢律保辜規定明確，張家山漢簡〈二年律令‧賊律〉有：

> 鬥傷人，而以傷辜二旬中死，爲殺人。（○二四）[註130]

> 父母毆笞子及奴婢，子及奴婢以毆笞辜死，令贖死。（○三九）[註131]

〈奏讞書〉有：

> 漢中守讞：公大夫昌苔（笞）奴相如，以辜死，先自告。（○四九）
> [註132]

群，《唐律研究》（北京：法律，2000），頁 187。
[註126]《唐律疏議》，卷二十一，〈鬥訟〉，「保辜」（總307），頁 389。
[註127] 劉俊文以爲保辜之制起源甚早，唐律是沿襲前代而來。相關考證參見《唐律疏議箋解》，卷二十一，〈鬥訟〉，「保辜」，頁 1482～1483。陳登武，〈從張家山漢簡看漢代「保辜」制度——兼論「保辜」制度之歷史發展〉，《簡牘學報》第二十期（2008.12），頁 63～85。
[註128]《睡虎地秦墓竹簡》，〈法律答問〉，頁 113。
[註129] 朱紅林指出《秦律十八種‧徭律》：「興徒以爲邑中女紅（功）者，令嫭堵卒歲。未卒堵壞。司空將紅（功）及君子主堵者有罪，令其徒復垣之，毋計爲徭」。秦簡整理小組注：「嫭（音孤），保」《説文》：「嫭，保任也，從女辜聲」。《訂正六書通》：「嫭，保任也。音辜。律有保辜，當是此字。然《正韻》無『嫭』字，但作『辜』」。這説明在此「嫭」通「辜」。類似的内容還見於《秦律雜抄》。參見朱紅林，《張家山漢簡《二年律令》集釋》，卷一，〈賊律集釋第一〉，「鬥傷人，而以傷辜二旬中死，爲殺人」條，頁 32。曹旅寧等人也認爲秦律中的「子以枯死」是指在法定期限内死去，同保辜之制。參見曹旅寧，〈張家山漢簡《賊律》考〉，收入氏著，《張家山漢律研究》（北京：中華書局，2005），頁 80。張伯元，〈説“辜”二題〉，收入氏著，《出土法律文獻研究》（北京：商務，2005），頁 185～189。
[註130]《張家山漢墓竹簡【二四七號墓】》，〈賊律〉，頁 137。
[註131]《張家山漢墓竹簡【二四七號墓】》，〈賊律〉，頁 139。
[註132]《張家山漢墓竹簡【二四七號墓】》，〈奏讞書〉，頁 216～217。

《居延新簡》也有保辜的記錄：

> ……□所持鈹，即以疑所持胡桐木杖從後墨擊意項三下，以辜一旬
> 內立死。案疑賊殺人……。（新簡 EPF22・326）

> 以兵刃索繩他物可以自殺者予囚，囚以自殺、殺人若自傷、傷人而
> 以辜二旬中死，予者髡爲城旦舂。（新簡 EPS4T2・100）〔註133〕

漢律確立了辜限內因傷致死視同鬪殺的原則。

鬪殺與故殺一樣屬於臨時起意的行爲，沒有從犯，如果兩人以上故意共殺，是爲謀殺，多人共毆則須以同謀共毆傷罪論處。《唐律疏議・鬪訟》「同謀不同謀毆傷人」：

> 諸同謀共毆傷人者，各以下手重者爲重罪，元謀減一等，從者又減
> 一等；若元謀下手重者，餘各減二等；至死者，隨所因爲重罪。其
> 不同謀者，各依所毆傷殺論；其事不可分者，以後下手爲重罪。若
> 亂毆傷，不知先後輕重者，以謀首及初鬪者爲重罪，餘各減二等。
>
> 〔註134〕

同謀共毆必須事先共同計畫方可謂之，若無共謀，犯者分別只對自己造成的傷勢負責。同謀共毆致死，以下手重者爲首，倡議元謀減罪一等，其他共毆者再減一等，與謀殺首從劃分方法不同。同謀共毆，發起之意在「毆」而非「殺」，無致人於死之心，若於共毆過程中殺人，是毆者私下重手，殺人責任在毆者不在元謀。不然，假如共毆之中有人存心欲殺，藉機逞兇，則非元謀所能控制、預見，以此責罪元謀，有所不合。然而殺傷惡行乃因元謀而起，所以倡議只減下重手者一等。唐律對「謀殺」和「同謀共毆」兩罪首從規定的差異再次體現了律文主觀主義的精神。〔註135〕

第五節　誤殺

「誤」是差錯，與本意或原先預期的行爲結果不符皆稱之。《尚書》和《周禮》將「過」、「誤」、「過誤」、「過失」都視爲「故意」犯罪的相反詞，這些

〔註133〕居延新簡的年代以西漢中期到東漢爲主。詳見甘肅省文物考古研究所、甘肅省博物館、中國文物研究所、中國社會科學院研究所編，《居延新簡：甲渠侯官》（北京：中華書局，1994），頁249、頁220。

〔註134〕《唐律疏議》，卷二十一，〈鬪訟〉，「同謀不同謀毆傷人」（總308），頁390〜391。

〔註135〕相關論述參見《唐明律合編》，卷十八，〈人命〉，頁486〜487。

詞語經常交雜使用，它們之間的區別不明顯，用法也不一致。

「誤殺」例首見於《周禮・秋官》：「壹宥曰不識，再宥曰過失，三宥曰遺忘」的注疏：

> （鄭）玄注：識，審也。不審，若今仇讐當報甲，見乙誠以為甲，而殺之者。

> 賈公彥疏：甲乙者，興喻之義耳。假令兄甲是仇人，見弟乙，誠以為是兄甲，錯殺之，是不審也。〔註136〕

唐代賈公彥支持鄭玄的說法，認為《尚書》三宥中的「不識」指將乙誤認為甲而錯殺之，屬於唐律誤殺傷人律中攻擊對象的錯誤。董仲舒〈春秋決獄〉也有一則誤殺案例：

> 甲父乙與丙爭言相鬥，丙以佩刀刺乙，甲即以杖擊丙，誤傷乙，甲當何論？或曰，毆父也，當梟首論。曰：臣愚以父子至親也，聞其鬥，莫不有怵惕之心，扶杖而救之，非所以欲詬父也。春秋之意，許止父病，進藥於其父而卒，君子原心，赦而不誅。甲非律所謂毆父，不當坐。〔註137〕

本例屬於唐律誤殺罪中的攻擊動作錯誤，董仲舒依心論罪，主張「誤毆父」與「毆父」情況有異，不應同刑論處。由上述二例可知，漢人對「誤」的犯罪情況已有留意，但不知如何處理。

晉律有「過誤傷人三歲刑」，是將「過失」與「誤」同論，張裴〈律表〉也將「失」作為「誤」的同意詞來使用，〔註138〕都是著眼於均指對被害者本無惡意的傷害行為而言，其間的區別還不明顯。

《唐律疏議・鬥訟》「鬥毆誤毆傷傍人」：

> 諸鬥毆而誤殺傷傍人者，以鬥殺傷論；至死者，減一等。若以故僵仆而致死傷者，以戲殺傷論。即誤殺傷助己者，各減二等。

【疏】議：

> 「鬥毆而誤殺傷傍人者」，假如甲共乙鬥，甲用刃、杖欲擊乙，誤中于丙，或死或傷，以鬥殺傷論。不從過失者，以其元有害心，故各依鬥法。至死者，減一等，流三千里。仰謂之僵，伏謂之仆。謂

〔註136〕《周禮注疏及補正》，卷三十六，〈秋官・司寇〉，「司刺」，頁12。
〔註137〕《太平御覽》，卷六百四十，〈刑法〉，「決獄」，頁2868。
〔註138〕（日）西田太一郎著，段秋關譯，《中國刑法史研究》（北京：北京大學，1985），第六章，〈關於錯誤、過失〉，頁110～113。

共人鬪毆，失手足跌，而致僵仆，誤殺傷傍人者，以戲殺傷論。……

律云：「鬪毆而誤殺傷傍人，以鬪殺傷論」，殺傷傍人，坐當「過失」，行者本爲緣鬪，故從「鬪殺傷」論；……又問：「假有數人，同謀殺甲，夜中忽遽，乃誤殺乙，合得何罪？」答曰：「此既本是謀殺，與鬪毆不同。鬪毆彼此相持，謀殺潛行屠害。毆甲誤中於丙，尚以鬪殺傷論，以其原無殺心，至死聽減一等；況復本謀害甲，元作殺心，雖誤殺乙，原情非鬪者。若其殺甲，是謀殺人，今既誤殺乙，合科「故殺」罪。〔註139〕

唐律誤殺罪的型態包含「攻擊動作的錯誤」和「攻擊目標的錯誤」；誤殺傷方式分爲「攻擊性動作」和「非攻擊性的失足」，非攻擊性行爲對於導致死亡的結果更無意識，採取較輕的戲殺罪處理。失足跌仆致死與戲殺兩罪本質完全不同，律文謂「以戲殺論」是純粹就刑度而言；〔註140〕其次，誤殺傷對象分爲不相干的旁人和助己者二類，考慮到誤傷助己者更非犯者所願，罪責可以再各減二等。

誤殺是在進行有意傷害行爲過程中所發生的錯誤，雖然傷害結果出乎犯者意料與「過失殺傷」相同，但誤殺行爲是源於對人具有傷害意識的攻擊行動，與導致過失殺傷的無害意之一般行爲不同，不以「過失殺傷」論，依行爲最初的本意定罪。〔註141〕

鬪毆本無殺心，何況對象不同，更無殺意，至死可減罪一等。謀殺之誤與鬪毆之誤不同，在進行謀殺過程中誤殺他人，行爲本心是計畫殺害，應以謀殺論，不過謀害之意並非針對實際受害者，對於誤殺對象沒有久蓄殺心、圖謀殺害之情，考量律文對罪名的定義，依故殺罪處理。

總而言之，「誤殺」是原有惡意的攻擊行爲造成的錯誤傷害，法律懲罰重點是犯者內心的惡意，不是誤殺他人的行爲結果，無論誤殺是屬於方法上或

〔註139〕《唐律疏議》，卷二十三，〈鬪訟〉，「鬪毆誤毆傷傍人」（總336），頁422～424。

〔註140〕參見戴炎輝，《唐律各論》，第七編第一章第四節，〈特殊毆殺傷〉，「鬪訟第三十五條　鬪毆誤傷傍人」，頁525。韓相敦，〈中韓傳統刑律之主觀主義立法——特別注重關於殺傷罪的故意犯、過失犯〉，頁162。

〔註141〕姚少杰認爲唐律中的「誤」在使用上多指於行爲過程中所發生的差錯，包括認識錯誤和動作錯誤，例如：合和御藥誤不如本方、棄毀亡失及誤毀官私器物者等等，用法已經相當固定；而「失」、「過失」則是強調主觀意識上的出乎意料，兩者有別。姚少杰，〈清代戲殺、誤殺、過失殺考析〉，收入葉孝信、郭建主編，《中國法律史研究》（上海：學林，2003），頁132。

客體上的錯誤，均不減加害者原意之惡，論罪仍重。法律依據加害者行動的主觀意識惡性給予相當的刑事責任，再依對象和方式減罪，均以犯者心意爲刑責考量基礎。

唐代牛肅的《紀聞》有則誤殺事例：

> 開元二十九年二月，修武縣人嫁女，壻家迎婦，車隨之。女之父懼村人之障車也，借俊馬，令乘之。女之弟乘驢從，在車後百步外行。忽有二人出于草中，一人牽馬，一人自後驅之走。其弟追之不及，遂白其父。父與親眷尋之，一夕不能得。去女家一舍，村中有小學，時夜學，生徒多宿。凌晨啓門，門外有婦人，裸形斷舌，陰中血皆淋漓。生問之，女啓齒流血，不能言。生告其師，師出戶觀之，集諸生謂曰：「吾聞夫子曰：木石之怪魍魎，水之怪龍罔象，土之怪墳羊。吾此居近太行，怪物所生也。將非山精野魅乎？盍擊之。」於是投以塼石，女既斷舌，不能言。諸生擊之，竟死。及明，乃非魅也。俄而女家尋求，至而見之，乃執儒及弟子詣縣。縣丞盧峰訊之，實殺焉。乃白于郡，笞儒生及弟子，死者三人，而劫竟不得。〔註142〕

牛肅，生於武周聖曆前後，主要活動於玄宗朝，《紀聞》內容多爲開元、天寶間事。〔註143〕本案發生於開元二十九年（741），被害女子在婚娶中遭到劫持，流落鄰村，當地小學師生因女子口不能言，情狀怪異，加上天色昏暗，視人不清，誤之爲精怪，以磚石擊殺至死。對人投石是具有傷意的攻擊行爲，多人共同所爲應以同謀共毆之誤殺罪論處。師生三人亂石雜投，難以分辨何人下手致死，屬於同謀共毆的亂毆傷，依律：「若亂毆傷，不知先後輕重者，以謀首及初鬭者爲重罪，餘各減二等」。〔註144〕其師倡議先行，爲謀首，致死處絞；學生爲從，減二等，徒三年。

修武縣屬河北道懷州，位於東都洛陽東北，唐代改州爲郡僅於玄宗天寶元年（742）二月，至肅宗至德二載（757）十二月，〔註145〕本案發生時應猶稱州，長官爲刺史。縣丞爲縣令之副，協助縣令綜理民事，包含一般行政、

〔註142〕（宋）李昉等編，《太平廣記》（北京：中華書局，1961），卷四百九十四，〈雜錄二〉，引牛肅《紀聞》「修武縣民」，頁4056。

〔註143〕卞孝萱，〈牛肅與《紀聞》〉，收入氏著，《唐代文史論叢》（太原：山西人民，1986），頁107。

〔註144〕《唐律疏議》，卷二十一，〈鬭訟〉，「同謀不同謀毆傷人」（總308），頁391。

〔註145〕《舊唐書》，卷九，〈玄宗本紀　下〉，「天寶元年二月」條，頁215。卷四十二，〈職官一〉，「至德二載十二月敕」條，頁1790。

刑名獄訟，依唐代司法制度，徒刑以上案件經縣判決後須上報州郡進行複審。
〔註 146〕根據文意，縣丞盧峰將案子上呈後，郡「笞儒生及弟子」，這裡的「笞」
應指複審時，審理人員懷疑師生三人與劫者有關，或即爲劫者，對之拷供的
手段，而非正式處刑，結果師生均於複審過程中刑訊致死。

唐代對於刑訊適用情況、方式、器具、所受部位皆有規定：

> 諸察獄之官，先備五聽，又驗諸證信，事狀疑似，猶不首實，然後
> 拷掠。每訊相去二十日，若訊未畢，更移他司，仍須拷鞫者，（囚移
> 他司者，連寫本案具移）則通計前訊，以充三度，即罪非重害，及
> 疑處少，不必皆須滿三。若囚因訊致死者，俱申牒當處長官，與糾
> 彈官對驗。〔註 147〕

> 諸杖均削去節目，長三尺五寸，訊囚杖，大頭徑三分二釐，小頭徑
> 二分二釐。……其決笞者，腿臀分受，決杖者，被腿臀分受，須數
> 等，拷訊者亦同。笞以下，願背腿均受者聽，即殿廷決者，皆背受。
> 〔註 148〕

所犯罪處杖刑以上，以杖訊之，總數不得超過犯刑總數。徒刑以上，杖數不
過二百；笞罪以下，以笞訊之。本案雖然僅以笞拷，卻拷訊致死，依《唐律
疏議・斷獄》「拷囚不得過三度」：

> 若拷過三度及杖外以他法拷掠者，杖一百；杖數過者，反坐所剩；
> 以故致死者，徒二年。即有瘡病，不待差而拷者，亦杖一百；若決
> 杖笞者，笞五十；以故致死者，徒一年半。若依法拷決，而邂逅致
> 死者，勿論；仍令長官等勘驗，違者杖六十。〔註 149〕

若拷囚次數過多、以他法拷訊或超過杖數而致囚死，負責人員需徒兩年；囚
犯有瘡傷，不待傷癒拷訊致死，徒一年半。發生拷囚違律時，依法須將詳細
情況申報當處長官，與糾彈官對證勘驗。本案懷州官長拷訊囚犯致死，是否
因爲違律拷訊並不清楚，不過文中言三人皆亡，應該不是單純的不意邂逅所
致。

〔註 146〕（日）仁井田陞著，栗勁等編譯，《唐令拾遺》（長春：長春出版社，1989），
　　　　卷三十，〈獄官令〉二（開元 7、25 年令），頁 757～758。

〔註 147〕《唐令拾遺》，卷三十，〈獄官令〉二五，頁 779～781。

〔註 148〕《唐六典》，卷六，〈尚書刑部〉，「郎中、員外郎」，頁 191。《唐令拾遺》，卷
　　　　三十，〈獄官令〉四一（開元 7、25 年令），頁 793～794。

〔註 149〕《唐律疏議》，卷二十九，〈斷獄〉，「拷囚不得過三度」（總 477），頁 553。

另一例出自《酉陽雜俎》：

鄭相餘慶在梁州，有龍興寺僧智圓，善總持勃勒之術，制邪理病多著效，日有數十人候門。智圓臘高稍倦，鄭公頗敬之，因求住城東隙地。鄭公爲起草屋種植，有沙彌、行者各一人。居之數年，暇日，智圓向陽科腳甲。有婦人布衣甚端麗，至階作禮。智圓遽整衣，怪問：「弟子何由至此？」婦人因泣曰：「妾不幸夫亡而子幼小，老母危病。知和尚神咒助力，乞加救護。」智圓曰：「貧道本厭城隍喧啾，兼煩於招謝，弟子母病，可就此爲加持也。」婦人復再三泣請，且言母病劇，不可舉扶，智圓亦哀而許之。乃言從此向北二十餘里至一村，村側近有魯家莊，但訪韋十娘所居也。智圓詰朝如言行二十餘里，歷訪悉無而返。來日婦人復至，僧責曰：「貧道昨日遠赴約，何差謬如此？」婦人言：「只去和尚所止處二三里耳，和尚慈悲，必爲再往。」僧怒曰：「老僧衰暮，今誓不出。」婦人乃聲高曰：「慈悲何在耶？今事須去。」因上階牽僧臂，僧驚迫，亦疑其非人，恍惚間以刀子刺之，婦人遂倒，乃沙彌悞中刀，流血死矣。僧茫然，遽與行者瘞之於飯甕下。沙彌本村人，家去蘭若十七八里，其日，其家悉在田，有人皂衣揭襆，乞漿於田中。村人訪其所由，乃言居近智圓和尚蘭若。沙彌之父欣然訪其子耗，其人請問，具言其事，蓋魅所爲也。沙彌父母盡皆號哭詣僧，僧猶紿焉。其父乃鍬索而獲，即訴於官。鄭公大駭，俾求盜吏細按，意其必寃也。僧具陳狀，貧道宿債，有死而已，按者亦以死論，僧求假七日，令持念爲將來資糧，鄭公哀而許之。僧沐浴設壇，急印契縛木暴考其魅，凡三夕，婦人見於壇上。言我其類不少，所求食處輒爲和尚破除，沙彌且在，能爲誓不持念，必相還也。智圓懇爲設誓，婦人喜曰：「沙彌在城南某村幾里古丘中。」僧言於官吏，用其言尋之，沙彌果在，神已癡矣。發沙彌棺，中乃苕箒也。僧始得雪，自是絕不復道一梵字。〔註150〕

作者段成式生於文宗時，其父段文昌爲穆宗朝宰相，《舊唐書》有傳。〔註151〕

〔註150〕 （唐）段成式著，方南生校訂，《酉陽雜俎》（台北：漢京文化事業，1983），卷十四，頁136～137。
〔註151〕 《舊唐書》，卷一百六十七，〈段文昌傳〉，頁4369。

「鄭相餘慶在梁州」指鄭餘慶任職山南西道節度觀察使，時間爲憲宗元和九年（814）至十二年（817）。〔註152〕龍興寺僧智圓與婦人發生爭執，智圓以婦人形狀詭異，用刃欲刺，卻誤中小沙彌，屬於攻擊對象錯誤的誤殺；其次，智圓與婦人雖有爭鬥，然以刀刃攻擊對方，是「本有殺心」的行爲，又屬於故殺之誤殺，處刑比照故殺法。

唐律〈名例律〉「稱道士女官」：「諸稱『道士』、『女官』者，僧、尼同。若於其師，與伯叔父母同。其於弟子，與兄弟之子同」，【疏】議：「師，謂於觀寺之內，親承經教，合爲師主者。……於其弟子有犯，同俗人兄弟之子法」。〔註153〕僧道與徒比同俗人與兄弟子，法律親屬關係爲期親，殺兄弟子：「若毆殺弟妹及兄弟之子孫、外孫者，徒三年；以刃及故殺者，流二千里」。〔註154〕智圓與小沙彌非處觀寺之內，不合於法定師徒身份，兩人關係視同凡人，故殺誤殺處斬，與文中述「按者以死論」相合。

判決之後，智圓求假設壇持念，鄭餘慶哀其將死而允，違反唐令規定。《唐令拾遺・獄官令》二八（開元7、25年令）：

> 諸禁囚死罪枷杻，婦人及流罪以下去杻。其杖罪散禁，年八十及十
>
> 歲，並廢疾、懷孕、侏儒之類，雖犯死罪，亦散禁。〔註155〕

男性死囚行刑前除了收禁之外，還必須戴上枷（繫手）、杻（縛手），未依規定處理按《唐律疏議・斷獄》「囚應禁不禁」：

> 諸囚應禁而不禁，應枷、鏁、杻而不枷、鏁、杻及脫去者，杖罪笞
>
> 三十，徒罪以上遞加一等；廻易所著者，各減一等。〔註156〕

本律懲罰主體是負責看守犯人的獄官，處罰輕重以囚犯所犯之刑爲準，杖罪笞三十，死刑杖六十，鄭餘慶違令給假並脫解犯人刑具，理應負擔全部刑責，但是最後小沙彌起死回生，案子不成立，本條刑事責任相對作罷。

第六節 戲殺

《說文解字》：「戲，三軍之偏也。一曰，兵也」，注：「一說謂兵械之名也。

〔註152〕《舊唐書》，卷一百五十八，〈鄭餘慶傳〉，「九年」條，頁4165。

〔註153〕《唐律疏議》，卷六，〈名例〉，「稱道士女官」（總57），頁143～144。

〔註154〕《唐律疏議》，卷二十二，〈鬥訟〉，「毆兄姊等」（總328），頁413。

〔註155〕《唐令拾遺》，卷三十，〈獄官令〉二八（開元7、25年令），頁781～782。

〔註156〕《唐律疏議》，卷二十九，〈斷獄〉，「囚應禁不禁」（總469），頁585。

引伸之爲戲豫，爲戲謔，以兵器可玩弄也，可相鬥也」。〔註157〕段玉裁解釋「戲」
一字來自軍事，最初是指兵名或兵器名，後以兵器相互比弄亦稱爲戲，詞性逐
漸改變。律文中的「戲」並非尋常玩樂遊戲，是指在雙方同意下，施加帶有傷
害性或危險性的動作。如果行爲本身不是針對「人」，對於會導致死亡的結果也
沒有意識，屬於「過失」，不算「戲」。戲殺雖是在對方同意下進行，但行動前
已經了解動作本身具有傷人的效力，屬於無害心而具攻擊意識的行爲；再者，
造成死傷的結果是可以事先預想到的，所以刑事責任比過失重。

　　秦簡有：「鈹、戟予有室者，拔以鬥，未有傷毆（也），論比劍」（○八五）。
〔註158〕使用有刃的兵器打鬥，未傷人以「比劍」論，「比劍」罪可能即爲後來
的戲殺，但缺乏進一步的訊息。律文出現「戲殺」罪名目前所知始於漢律，〈二
年律令・賊律〉有：

　　　　賊殺人、鬥而殺人，棄市。其過失及戲而殺人，贖死；傷人，除。（○
　　　　二一）〔註159〕

漢律戲殺人以贖死論，僅傷則可免罪。律文將戲殺與過失殺並列，顯示將戲
視爲類似過失的一種殺傷行爲，兩者均爲對被害人沒有傷害意圖的犯罪，懲
罰比較寬鬆，也意味著與後代相比，漢朝人對戲殺的接受度比較大。

　　東漢應劭《風俗通義》，記錄一則戲殺案例，全文如下：

　　　　汝南張妙會杜士，士家娶婦，酒後相戲，張妙縛杜士，捶二十下，
　　　　又懸足指，士遂致死。鮑昱決事云：「酒後相戲，原其本心，無賊害
　　　　之意，宜減死」。〔註160〕

張妙酒醉戲鬧，攻擊杜士取樂，致其死亡，決事的鮑昱以爲犯者無害心，不
應判處殺人罪。鮑昱是東漢名宦，任官明章時期，熟知律法，詳於判例，史
載：「昱奏定辭訟七卷，決事都目八卷，以齊同法令，息遏人訟也」。〔註161〕

────────────────

〔註157〕《説文解字注》，頁 1096。
〔註158〕《睡虎地秦墓竹簡》，〈法律答問〉，頁 116。
〔註159〕《張家山漢墓竹簡【二四七號墓】》，〈賊律〉，頁 137。
〔註160〕（東漢）應劭撰，王利器校注，《風俗通義校注》（北京：中華書局，2010），
　　　　〈佚文〉，「折當」，頁 589。王利器並引《意林注》、《羣書治要》説明戲鬧之
　　　　事乃漢朝婚俗。
〔註161〕全文見《東觀漢記・鮑昱》：「時司徒辭訟久至十數年，比例輕重，非其事類，
　　　　錯雜難知。昱奏定辭訟七卷，決事都目八卷，以齊同法令，息遏人訟也」。（東
　　　　漢）劉珍等撰，吳樹平校注，《東觀漢記校注》（北京：中華書局，2008），卷
　　　　十四，〈傳九〉，「鮑昱」，頁 573。《通志》：「司徒鮑昱撰嫁娶辭訟決爲法比都

他的判決——宜減死，不同於〈二年律令〉規定的贖死，顯示東漢對於戲殺罪的處罰可能已和西漢不同，加重量刑。

程樹德引用段成式《酉陽雜俎》載漢例云：

> 律有甲娶，乙丙共戲甲，旁有櫃，比之爲獄，舉置櫃中，覆之。甲因氣絕，論當鬼薪。〔註162〕

乙、丙兩人戲弄甲，將他置於櫃中，甲因此氣絕身亡。乙、丙的行爲目的雖是爲了戲樂，沒有殺人意圖，但是把人置於密閉櫃子中是具有危險性的行爲，致死的結果是能夠事先預想到的，所以依戲殺罪論處。本案判處的「鬼薪」在漢律中是三歲刑，〔註163〕處刑比漢初的贖死重，可能是東漢的刑罰。《太平御覽》引晉律有：「若傷人以及謗、僞造官印，不憂軍事、戲殺人之屬，並三歲刑也」，〔註164〕晉律戲殺人處三歲刑應該即是繼承東漢律，與過失、誤殺傷人的刑度都是一致的。

隋律對戲殺的處理不甚清楚，但《隋書》有一案：

> （李士謙）其奴嘗與鄉人董震因醉角力，震扼其喉，斃於手下，震惶懼請罪，士謙謂之曰：「卿本無殺心，何爲相謝！然可遠去，無爲吏之所拘」。〔註165〕

角力誤斃奴命是典型的戲殺案件，事後董震向奴主李士謙請罪，士謙雖然不責怪董震，還是勸他儘快逃走，不要被官吏逮捕治罪，可見隋代戲殺人需負擔相當的刑責。

《唐律疏議·鬥訟》「戲傷殺人」：

> 諸戲殺傷人者，減鬥殺傷二等；雖和，以刃，若乘高、履危、入水中，以故相殺傷者，唯減一等。即無官應贖而犯者，依過失法收贖。其不和同及於期親尊長、外祖父母、夫、夫之祖父母雖和，並不得爲戲，各從鬥殺傷法。〔註166〕

目，凡九百六卷，世有增損，輕重乖異，而通條連句，上下相蒙，雖大體異篇，實相探入」。（宋）鄭樵，《通志》（台北：新興書局，1959），卷六十，〈歷代刑制〉，頁727。

〔註162〕原例出自《酉陽雜俎》，前集卷一，〈禮異〉，頁8。程樹德之說見氏著，《九朝律考》，卷一，〈漢律考〉，「戲殺」條，頁108。

〔註163〕《九朝律考》，卷一，〈漢律考〉，「戲殺」條，頁44。

〔註164〕《太平御覽》，卷六百四十二，〈刑法〉，「徒作年數」，頁2877。

〔註165〕《隋書》，卷七十七，〈隱逸〉，「李士謙」，頁1753。

〔註166〕《唐律疏議》，卷二十三，〈鬥訟〉，「戲殺傷人」（總338），頁425～426。

律文注明「戲殺」是「以力共戲，至死和同」，【疏】議解釋：「雖則以力共戲，終須至死和同，不相瞋恨而致死者」。律對「戲」的定義是雙方互無仇怨，於兩造同意下，以力相鬥，致死無尤，如果任何一方不願意，不能以戲殺傷罪處理。兩人相戲致死，犯者本無殺心，而且是在被害者認可下進行的攻擊行為，處刑減鬥殺二等，合徒三年；如果使用刀刃，或處於危險的地方，只減鬥殺罪一等，流三千里。〔註167〕戲殺罪的例外情況是對至親尊長無戲殺罪名，侍奉尊長態度須恭敬謹慎，不可戲鬧，如因戲致死，仍加重處罰，不依戲殺律減罪，從鬥殺親屬論。唐律戲殺懲罰比漢初〈二年律令〉重，表現唐人對於「戲殺」的態度較漢人嚴格。

《淮南子》云：「夫以刃相戲，必為過失，過失相傷，其患必大。無涉血之讐爭，忿鬥而以小事，自內於刑戮，愚者所不知忌也」。〔註168〕西漢已經有人主張「戲」是徒增傷亡、為患社會秩序的事情，一般爭鬥尚應盡力避免，何況是無事相戲。唐律的【疏】議也指出戲鬥至死，是輕身忘孝的行為，不合於禮。〔註169〕以力相戲已具有相當的危險性，故意以兵刃或於水火危險處戲，是置自身於險境中，增加傷亡機會，更無可恕，所以張裴云：「鬥之加兵刃、水火中不得為戲，戲之重也」。〔註170〕

戲殺律規定「無官應贖而犯者」（指老、小、疾病），贖法不依鬥殺減二等，改依過失法收贖。過失贖以故殺為準，是從重處罰，律文注：「餘條非故犯，無官應贖者，並準此」。〔註171〕過失殺人尚且依故意殺人收贖，戲殺情節比過失重，理應如此；再者，贖款入於被害人之家，從重收贖對被害者家屬是一種權益的保障。〔註172〕

〔註167〕《唐律疏議》，卷二十三，〈鬥訟〉，「戲殺傷人」（總338）疏議：「或以金刃，或乘高處險，或臨危履薄，或入水中，既在險危之所，自須共相警戒，因此共戲，遂致殺傷，雖即和同，原情不合致有殺傷者，唯減本殺傷罪一等」，頁425。
〔註168〕（西漢）劉安等撰，趙宗乙譯注，《淮南子譯注》（哈爾濱：黑龍江人民，2003），卷十三，〈氾論訓〉，頁712。
〔註169〕《唐律疏議》，卷二十三，〈鬥訟〉，「戲傷殺人」（總338）疏議：「禮云：『死而不弔者三，謂畏、壓、溺。』況乎嬉戲」，頁425。「死而不弔者三，畏、壓、溺」出自《禮記‧檀公上》鄭元注曰：「謂輕身忘孝也，『畏』人或時以非罪攻己，不能有以說之死者。『壓』行止危險之下。『溺』不乘橋船」。參見楊家駱主編，《禮記注疏及補正》（台北：世界書局，1963），卷六，〈檀公上〉，頁6。
〔註170〕《晉書》，卷三十，〈刑法志〉引張裴律表，頁928。
〔註171〕《唐律疏議》，卷二十三，〈鬥訟〉，「戲殺傷人」（總338），頁425。
〔註172〕《唐律各論》，第七編第一章第六節，〈戲殺傷〉，「鬥訟第三十七條 戲殺傷人」，頁529。

《宋刑統》記錄了一個唐朝的案子：

> 唐開成元年十一月二十一日敕，中書舍人崔龜從等狀，具大理寺申詳，斷立帖和同，把剃刀割張楚喉嚨後，卻自割喉嚨不死人張公約。伏以張公約與張楚素無怨嫌，立帖相殺，今法寺、刑部並無此條，自今以後，應有和同商量相殺者，請同故殺人例，不在免死之限。敕旨宜依。〔註173〕

《舊唐書》載崔龜從長於禮學，文宗大和九年（835）擔任中書舍人，至開成元年（836）十二月才調任華州防禦使。〔註174〕崔氏以爲兩人雖然出於自願，相約互殺，仍應處以重刑。律文謂戲殺用兵刃、置於險處等狀況固然危險，卻未必一定至於死，刑罰減鬥殺一等，而兩人互殺是必致對方於死，其致死和同、兩相情願雖合於戲殺，卻較戲殺用刃爲重，雙方的攻擊行動均含殺心，合論故殺罪，表現唐人對於「和同殺人」事的看法。〔註175〕

第七節　過失殺

《尚書·舜典》：「眚災肆赦」，注：「眚，過。災，害。肆，緩。……過而有害，當緩赦之」，〔註176〕《史記》寫作：「眚災過赦」，《集解》云：「鄭玄曰：眚災爲人作患害者也，過失，雖有害則赦之」。〔註177〕因過誤、錯誤所造成的犯罪是爲過失，雖然造成傷害，仍予赦免寬宥。《周禮》：「凡過而殺傷人者，以民成之」，賈公彥疏：「此謂非故心，是過誤，或殺或傷於人者。成平也，既非故心，故以鄉里之民共和解之」。〔註178〕犯者無心爲罪，若視同一般

〔註173〕《宋刑統》，卷二十一，〈鬥訟律〉，頁329。本案在北宋毛滂的上書中也有記錄：「開元間，張公約與張楚立互相爲殺，楚既斷咽，而公約自制不死。中書舍人崔龜從請以故殺人論公約死，彼二人非有怨嫌忿爭之心而爲此，不得免惡」。見《毛滂集》，卷八，〈上饒州安太守論朱逮獄書〉，頁187。文中「開元」當爲「開成」之誤。

〔註174〕《舊唐書》，卷一百七十六，〈崔龜從傳〉，頁4572～4573。卷十七下，〈文宗本紀〉，頁567。

〔註175〕陳登武以兩人有殺心爲出發點，將此案列爲故殺案例討論；筆者則依戲殺爲「在受害者同意的情況下，對其施加具有危險性的攻擊行爲」，將本案列入戲殺一節討論。見陳登武，《從人世間到幽冥界：唐代的法制、社會與國家》，第五章第二節之四，「相約砍殺，何以論罪？」，頁218。

〔註176〕《尚書注疏及補正》，卷三，〈虞書·舜典〉，頁15。

〔註177〕《史記》，卷一，〈五帝本紀〉，頁28。

〔註178〕《周禮注疏及補正》，卷十四，〈地官·司徒下〉，「調人」，頁9。

犯罪處刑，將徒增傷亡怨懟，所以過失犯罪不從本法，以調和彌補爲主，是傳統對於過失傷害的處理原則。

張家山漢簡〈二年律令‧賊律〉有「過失殺人」罪名：

> 賊殺人、鬥而殺人，棄市。其過失及戲而殺人，贖死；傷人，除。（○二一）〔註179〕

漢初律過失殺人贖死，稍晚，鄭司農注《周禮》云：「過失，若今律過失殺人不坐死」，顯示漢代過失殺人處刑確實不同一般殺人，不用抵死。東漢鄭玄又注：「過失，若舉刃欲斫伐，而軼中人者」，〔註180〕提刀欲斫，誤中於人，是爲「過失」，指行爲人主觀無傷人意識所造成的傷害行爲。晉張斐〈律表〉稱「意以爲然謂之失」、「不意誤犯謂之過失」，〔註181〕同樣將「過失」定義爲出乎犯者意料、完全沒有傷人意識的犯罪行爲。

考慮犯者行爲對「人」沒有惡心，不具攻擊意識，原則上採取免罪的態度，但從客觀事實與被害者角度出發，又不能完全免除犯者的責任，所以用贖法抵罪。《尚書‧舜典》云：「金作贖刑」，孔安國傳：「金，黃金，誤而入刑，出金以贖罪」，唐代孔穎達依據《周禮‧考工記》解釋古之所謂「金」泛指金、銀、銅、鐵等金屬，「黃金」意指「黃鐵」，也就是銅。漢以前贖罪皆用銅，漢改用黃金而減其數，使與古刑輕重相等，北魏贖刑亦用金，因爲黃金難得，也可以用等值的絹交贖。〔註182〕

過失犯罪爲何處以贖刑？孔穎達以爲失金和鞭打受教一樣，都是人所不欲之事，所以古人以此爲刑。東漢馬融云：「意善功惡，使出金贖罪，坐不戒愼者」。〔註183〕本無惡意，但行惡事，傷害源於犯者態度不謹愼，故以經濟損失作爲處罰。南宋蔡沈則認爲刑罰當中以鞭扑最輕，無心犯罪，罪責極小，連施以最輕的鞭打都有違情理，又不能視爲無罪，故以金爲贖，也能對被害者有所補償。〔註184〕漢初〈二年律令〉是目前最早可見明文落實這個處理方式的法律。

〔註179〕《張家山漢墓竹簡【二四七號墓】》，〈賊律〉，頁137。
〔註180〕《周禮注疏及補正》，卷三十六，〈秋官‧司寇〉，「司刺」，頁12。
〔註181〕《晉書》，卷三十，〈刑法志〉引張斐律表，頁928。
〔註182〕《尚書注疏及補正》，卷三，〈虞書‧舜典〉，頁15。
〔註183〕《史記》，卷一，〈五帝本紀〉，頁28。
〔註184〕（宋）蔡沈注，錢宗武、錢宗弼整理，《書集傳》（南京：鳳凰，2010），卷六，〈周書‧呂刑〉，頁252～253。

　　東漢中常侍孫章宣詔錯誤，致人於死，尙書奏孫章矯制殺人，罪當腰斬，帝問郭躬，郭躬主張科以罰金，帝曰：「章矯詔殺人，何謂罰金」？躬云：「法令有故、誤，章傳命之繆，於事爲誤，誤者其文則輕」。〔註185〕皇帝、尙書以行爲結果論，孫章矯詔殺人理應腰斬，郭躬則看重孫章的犯行意識，認爲宣詔錯誤是過失，即使因此導致殺人的結果，亦是無心所致，屬於過失殺人罪，不能等同矯詔殺人，帝遂依郭躬之說。

　　晉末宋初有一個例子：

　　　撫軍將軍劉毅鎮姑孰，版爲行參軍。毅嘗出行，而鄢陵縣史陳滿射鳥，
　　　箭誤中直帥，雖不傷人，處法棄市。承天議曰：「獄貴情斷，疑則從
　　　輕。昔驚漢文帝乘輿馬者，張釋之劾以犯蹕，罪止罰金，何者？明其
　　　無心於驚馬也。故不以乘輿之重，加以異制。今滿意在射鳥，非有心
　　　於中人。按律過誤傷人，三歲刑，況不傷乎？微罰可也。」〔註186〕

陳滿拉弓射鳥誤中於人，其意不在傷人，對於可能造成傷害結果沒有意識，屬於唐律過失殺傷罪而非誤殺傷罪，《晉律》著眼於「過失」和「誤」都是對被害者沒有害心的犯罪，將它們視爲一體，尙未區別，兩罪在犯罪意識上與戲殺相當，故刑度皆爲三歲刑，較唐律爲重。

　　《唐律疏議・鬪訟》「過失殺傷人」：

　　　諸過失殺傷人者，各依其狀，以贖論。

下注：

　　　謂耳目所不及，思慮所不到；共舉重物，力所不制；若乘高履危足
　　　跌及因擊禽獸，以致殺傷之屬，皆是。

【疏】議：

　　　注云：「謂耳目所不及」，假有投甎瓦及彈射，耳不聞人聲，目不見
　　　人出，而致殺傷；其思慮所不到者，謂本是幽僻之所，其處不應有
　　　人，投瓦及石，誤有殺傷；或共舉重物，而力所不制；或共升高險，
　　　而足蹉跌；或因擊禽獸，而誤殺傷人者，如此之類，皆爲「過失」。
　　　稱「之屬」者，謂若共捕盜賊，誤殺傷旁人之類，皆是。其本應居
　　　作、官當者，自從本法。〔註187〕

〔註185〕《後漢書》，卷四十六，〈郭躬傳〉，頁1544。
〔註186〕《宋書》，卷六十四，〈何承天傳〉，頁1702。
〔註187〕《唐律疏議》，卷二十三，〈鬪訟〉，「過失殺傷人」（總339），頁426。

唐律區分了「過失殺」和「誤殺」兩種狀況，「過失」無害人之心，無意識於行爲將會導致殺傷人的結果；「誤」是在本有惡意的行爲過程中所發生的錯誤，其意本在傷人，差別僅於受害對象不同。西田太一郎分析唐律有關過失與錯誤犯罪的用詞，認爲唐律中的「過失」已經成爲專指「對人的殺傷方面的過失行爲」用詞，是一個專門化的法律詞語，〔註188〕若對照晉律將過失、誤、戲殺人三罪同論，唐律對於犯罪意識的區分更爲清楚，律法成熟不言自明。

　　過失殺和戲殺均是行爲人沒有傷害意識的行動，「戲」對於傷害結果能夠預期，而且行爲本身具有攻擊「人」的意識；「過失」既無法預期，對「人」又不具攻擊性或危害性，刑責比戲殺輕，唯一例外是因盜過失殺傷。《唐律疏議‧賊盜》「因盜過失殺傷人」：

　　　　諸因盜而過失殺傷人者，以鬬殺傷論，至死者加役流。

注：

　　　　得財、不得財等。財主尋逐，遇他死者，非。

【疏】議：

　　　　因行竊盜而過失殺傷人者，以其本有盜意，不從「過失」收贖，故

　　　　以鬬殺傷論。其殺傷之罪至死者，加役流。〔註189〕

無論是否得財，有偷竊行爲均爲盜。竊盜過失殺傷人，傷害結果緣盜而生，犯者雖然無意傷人，卻不能因此減竊意之惡，不得贖刑，改以鬬殺傷罪論處。律文規定被害者死亡狀況必須是直接因盜而生，若在過程中另有他事導致身亡，不入本律，竊盜者只須負擔盜罪刑責。本條云：「其殺傷之罪至死者」指在被害者死訖的情況下，犯者本應依鬬殺罪處絞，念其本心非殺，改處「加役流」。加役流是流三千里，居役三年，不入常刑，不得減贖、除名，在外役滿後，不得返回原籍，是用來取代部分死刑，減少實際死亡人數，以顯示政府仁愛寬厚的一種特殊刑。〔註190〕根據《舊唐書‧刑法志》記載，唐太宗認爲武德舊法過於嚴苛，下令議改，魏徵等人建議以肉刑取代部分死刑，太宗猶爲不忍，才有加役流的出現。〔註191〕因盜過失殺傷人不依鬬殺罪處絞，以加役

〔註188〕詳見《中國刑法史研究》，第六章，〈關於錯誤、過失〉，頁92～109。

〔註189〕《唐律疏議》，卷二十，〈賊盜〉，「因盜過失殺傷人」（總289），頁367。

〔註190〕詳見《唐律疏議》，卷二，〈名例〉，「應議請減（贖章）」（總11），頁35。卷三，〈名例〉，「犯流應配」（總24）注、疏議，頁66～67。卷四，〈名例〉，「老小及疾有犯」（總30）注、疏議，頁81。

〔註191〕《舊唐書》，卷五十，〈刑法志〉，頁2135～2136。《唐律疏議》，卷二，〈名例〉，「應議請減」（總11）疏議，頁39。

流代之，依然可見刑罰之重。

　　過失雖是無心犯錯，但尊卑為重，對直系尊親屬及奴對主不得贖刑，處罰仍嚴。過失殺祖父母、父母流三千里，傷者徒三年。〔註192〕過失殺夫之祖父母、父母徒三年，傷者徒兩年半；〔註193〕過失殺夫徒三年，傷者減鬬毆傷二等。〔註194〕奴婢過失殺主處絞，傷者處流，合杖二百。〔註195〕與戲殺一樣，過失殺雖然無心為惡，但行為結果破壞倫理秩序，有傷風化，仍不得寬宥。

　　唐代中期趙璘的《因話錄》有則過失殺人案例：

> 唐王智興在徐州，法令甚嚴。有防秋官健交代歸，其妹壻於家中設饌以賀，自於廚中磨刀，將就生割羊脚。磨訖，持之疾行，妻兄自堂走入廚，倉卒相值，鋒正中妻兄心，即死。所在擒之以告，智興訊問，但稱過誤，本無惡意，智興不之信，命斬之。刀輒自刑者手中躍出，徑沒於地，三換皆然，智興異之，乃不殺。余按廣陵烈士傳曰：「劉儁，字幼節。遷宛句令。到官二年，政治清平，為吏民所親。時縣有友人相過者，主人歡喜為具，捕犬，因誤中客。客死，平法者云：『主人本有殺心，應當伏辜』儁曰：『聞許太子至孝，誤不嘗藥。史官書弑君曰：盡心力以事君，舍藥物可也。今主人與客，本無讐恨，但歡喜為供，有親愛飲食之意，無傷害之心，不幸而死，當以周禮過誤平之，奈何欲用法律？所失一時，兩殺不辜。王法者，拘有常例。』不聽。儁曰：『界有失禮之民，皆令之罪也。』解印綬去。」蓋與此事相近。而徐州者，神為之辯耳。〔註196〕

趙璘生於德宗貞元十九年（803），文宗大和八年（834）進士及第，主要活動於宣宗朝，他出身貴戚舊族，對於朝廷典故、名人軼事多有風聞。〔註197〕王智興本為徐州衙卒，侍從刺史李洧，德宗時李納謀叛，智興以功領徐州軍。穆宗長慶初，王智興恃軍驕縱，劫掠政府緡幣，逐濠州刺使侯弘度，朝廷不

〔註192〕《唐律疏議》，卷二十二，〈鬬訟〉，「毆詈祖父母父母」（總329），頁414。

〔註193〕《唐律疏議》，卷二十二，〈鬬訟〉，「妻妾毆詈夫父母」（總330），頁415。

〔註194〕《唐律疏議》，卷二十二，〈鬬訟〉，「妻毆詈夫」（總326），頁410。

〔註195〕《唐律疏議》，卷二十二，〈鬬訟〉，「部曲奴婢過失殺傷主」（總323），頁407。唐律規定賤人犯流、徒者，易以杖，免居作，見卷六，〈名例〉，「官戶部曲官私奴婢有犯」（總47），頁131～132。

〔註196〕（唐）趙璘著，楊家駱主編《新校因話錄》（台北：世界書局，1959），卷六，〈羽部〉，「王智興」，頁49～50。

〔註197〕周勛初，《唐代筆記小說敘錄》（南京：鳳凰，2008），〈因話錄〉，頁79～80。

能討，遂授檢校工部尙書、徐州刺史等職加以安撫，是不尊朝令、跋扈專擅的地方將領之一。〔註198〕

本案犯者爲了備席宴客，持刀欲割羊腳，不料與妻兄衝撞，造成致死的慘劇。「持刀行走」是一般行爲，不具攻擊意識，導致殺傷結果無法預期，屬於過失殺人罪。不過在審理上，客觀事實是妹婿持刀與殺害妻兄，犯者究竟是偶遇致死或是有心故殺，因被害人身亡，死無對證，只能依賴犯者自陳。夫與妻兄在身份法上殺害依凡人論，故意處斬，過失贖死，除本刑外夫妻還需強制離異。〔註199〕故意、過失兩罪刑責懸殊，犯者爲求脫罪，有敘述不實的可能性，所以王智興不接受犯人說詞，強以殺人罪論斬，且就文意與背景推斷，本案經地方判決後可能未依法上呈中央複審，直接行刑。

犯人和王智興各持一說，卻都缺乏實證支持，依照唐律規定，王智興應該對囚犯進行拷訊，若拷訊之後，犯者仍堅持無心殺人，當以「過失殺傷人」論斷，或以「疑罪」收贖。《唐律疏議・斷獄》「疑罪」【疏】議：

> 「疑罪」，謂事有疑似，處斷難明。「各依所犯，以贖論」，謂依所疑之罪，用贖法收贖。注云：「疑，謂虛實之證等」，謂八品以下及庶人，一人證虛，一人證實，二人以上虛實之證其數各等；或七品以上，各據眾証定罪，亦各虛實之數等。「是非之理均」，謂有是處，亦有非處，其理各均。「或事涉疑似」，謂贓狀涉於疑似，傍無證見之人，或傍有聞見之人，其事全非疑似。稱「之類」者，或行迹是，狀驗非；或聞證同，情理異，疑狀既廣，不可備論，故云「之類」。
>
> 〔註200〕

本案若無人證明妹婿有殺兄之意，依犯者自言失誤，應處「過失殺傷人」；若以爲當事人的說法不足信服，無證可依，嫌疑各半，則應判「疑罪」。「疑罪」的設立不僅保障人民權益，表現慎刑的精神，對審理人員也提供了一種保護，可以避免判決時因時效問題，強擬入罪，觸犯律文中的「官司出入人罪」。〔註201〕

〔註198〕《舊唐書》，卷一百六，〈王智興傳〉，頁4138～4140。卷十六，〈穆宗本紀〉，頁496～497。
〔註199〕《唐律疏議》，卷十四，〈戶婚〉，「妻無七出而出之」（總189）疏議，頁267。
〔註200〕《唐律疏議》，卷三十，〈斷獄〉，「疑罪」（總502），頁575。
〔註201〕《唐律疏議・斷獄》：「諸官司入人罪者，若入全罪，以全罪論；從輕入重，以所剩論；刑名易者：從笞入杖、從徒入流亦以所剩論，從笞杖入徒流、從徒流入死罪亦以全罪論。其出罪者，各如之。即斷罪失於入者，各減三等；失於出者，各減五等。若未決放及放而還獲，若囚自死，各聽減一等。即別

傳統司法審訊，礙於取證技術不足，人力資源、行政效率等現實因素的制約，審理者個人性格與觀點對判決結果影響相對較大。本案案文首句即明言王智興「法令甚嚴」，受到平素執法觀的影響，王智興在犯者無證支持的情況下，未依法律規定處理，仍強採一般殺人罪論斬，這種作法實際上已經犯了唐律「官司出入人罪」，即使並非蓄意爲之，亦需負擔相當的刑責。假若王智興又沒有將案件往上呈報，還犯了「應言上待報而輒自決斷」，律云：「諸斷罪應言上而不言上，應待報而不待報，輒自決斷者，各減故失三等」。〔註202〕然而，就現實環境論，當時政府可能已經無力依法懲處王智興，或爲犯者翻案，所以一般民眾也只能透過希冀神力降臨來表達對司法公正的企求。

案末作者引用《廣陵烈士傳》中類似的例子批評這項判決。〔註203〕劉雋任職宛句時，有民欲捕狗宴客卻誤殺傷人，當處過失殺人罪，審理人員卻以犯者有殺心爲由，斷爲殺人。劉雋認爲雙方宴飲，情意歡洽，刀誤中客誠屬不幸，緣此殺人，是無辜致兩命於死，不合於禮，亦非法律所期望的效果，重申《尚書》、《周禮》所提倡的過失處理原則。

第八節　小結

唐律凡有意殺傷，二人以上即爲謀殺；若一人所爲，有實際圖謀徵兆仍爲謀殺，無預謀又無爭鬥之事屬故殺，故傷人致死亦爲故殺。若有爭鬥，只要符合「用刃」或「絕時而殺」，仍依故殺罪處理。謀、故殺罪秦漢律已有，犯者都處以最重的死刑，有意殺害他人，即使尚未造成實際傷害亦同犯罪，顯示法律強調主觀意識的特色。爭鬥所造成的鬥殺罪，因爲本心無致人於死

使推事，通狀失情者，各又減二等；所司已承誤斷訖，即從失出入法。雖有出入。於決罰不異者，勿論」。《唐律疏議》，卷三十，〈斷獄〉，「官司出入人罪」（總487），頁562～565。

〔註202〕《唐律疏議》，卷三十，〈斷獄〉，「應言上待報而輒自決斷」（總485），頁561。

〔註203〕《廣陵烈（列）士傳》，華隔（喦）著，生平不詳。《舊唐書·經籍志》、《新唐書·藝文志》、《通志·藝文略》、《太平御覽》均有著錄。《太平御覽》另引二則《廣陵烈士傳》記文，一爲劉瑜，東漢桓帝時曾舉賢良方正，見《後漢書》，卷五十七，〈劉瑜傳〉，頁1854～1858。一是吳武，生平不詳。因此，據推測成書時間爲東晉南朝。劉雋，生平不詳，著有《禮記評》十卷，《隋書·經籍志》、《舊唐書·經籍志》、《新唐書·藝文志》均載。《太平御覽》亦曾轉載《廣陵烈士傳》另一則與劉雋相關之事，見《太平御覽》，卷二百六十五，〈職官〉，「州主簿」，頁1240。

之意，刑責較一般殺人罪輕。然而雖無心致死，卻有傷意，而且人民私鬥有害社會秩序，自先秦開始即爲律法所禁，罪刑只減故殺一等。誤殺是在攻擊過程中所發生的錯誤，無損於加害者原心之惡，刑事責任仍以懲罰主觀意識爲重，減罪幅度不大，但是考量犯者意願，誤傷助己者以及失足跌仆所造成的誤殺有較大的減刑空間，罪責依情況而異。戲殺是雙方同意下進行的攻擊，唯須致死無怨，方可論之，刑責可減一般鬥殺罪二等，然與期親尊長不得爲戲，仍從鬥殺論。過失殺人必須符合行爲本身對「人」不具傷害性，對於殺傷結果無法預期兩個條件，因其無心傷害，刑責最低，以銅入被害之家贖其罪，不過卑幼殺傷尊長與奴殺傷主因牽涉尊卑倫理關係，仍有一定程度的刑責。

若依據殺害意識和動作屬性區分，謀殺、故殺是對人有殺害意識與攻擊性動作的行爲，因爲殺人意識之惡，未傷滿徒，已傷則絞，殺訖均人斬。鬥殺和戲殺都是沒有殺人意識，但行爲具有攻擊性，鬥毆起於兩造內心的怨憤，傷害意識較強，致死處絞；戲殺是雙方和同，無仇無怨，傷害意識較弱，刑責減鬥殺罪處理。誤殺罪的判刑以犯者原始本意爲據，譬如謀殺、故殺行爲所引起的誤殺，攻擊對象錯誤不能減罪，仍依故殺論，只有誤殺助己者或是失足摔倒跌撲所造成的傷害，因爲犯者不欲之事，可減輕罪刑。過失殺傷行爲對任何「人」都沒有殺害意識，動作也不具攻擊性，刑責是所有殺傷罪中最輕的。

唐代六種殺人罪的概念都源自前律，法律成熟度卻有很大的提升，有繼承也有變異。成熟表現如：釐清「誤殺傷」罪與「過失殺傷」罪的差別、誤殺傷狀況與刑責的區別、同謀共毆與謀殺首從差異，以及同謀共殺犯的罪責劃分等等。然唐律與秦漢律亦有不同，以謀殺罪而言，秦漢律未區分造意者與執行者的刑罰，而且罪責有偏向實際行爲者之意；唐律繼承後魏律，在造意、執行、加功上定義詳備，刑責清楚分明，與故殺、誤殺的處刑考量相同，除了顯示律法發展逐漸完備之外，中華法系強調懲罰「犯意」的主觀心理狀態特質也隨時代而顯著。

第三章　貴庶・長幼・良賤：
　　　　殺人與身份

第一節　問題的提出

　　法律的目的是預防犯罪，維持社會秩序，傳統秩序基礎是倫理關係，從家內到家外，人與人之間的互動都依循著「禮」行事。「禮」的本質是等級與差別，是針對雙方身份所產生的特定行爲模式，因對象而異的行爲規則。法律和禮的關係以身份法的表現最具代表性，依犯罪主、客體身份關係有輕重不等的量刑是傳統中華法系的另一項重要特色。

　　唐律身份內容包括親屬與社會兩層，每個人都含括在這個關係體系之中。親屬身份指相對的血緣輩份關係，遲至周代，法律已經確立了殺害親屬不用常刑的原則，晉律進一步以五服入罪，依親疏次序劃分刑責。〔註1〕唐律沿用五服親屬法而加以修改，大體言之，地位卑者傷害尊者，罪刑從重，有意致死即爲謀殺，沒有故殺罪名，次爲毆殺；〔註2〕尊長殺害卑幼罪刑從輕，刑事責任依血緣親疏遞增。殺害親屬，尤其是直系尊長，嚴重破壞倫理秩序，

〔註1〕　《晉書・刑法志》：「峻禮教之防，準五服以制罪也」。《晉書》，卷三十，〈刑法志〉，頁927。

〔註2〕　這項規定之意，清代律學家的說明可以提供一些參考。如以「謀殺期親尊長」論，沈之奇認爲即使子孫非首倡議者，他人（他親）必是事先知道子孫素有此意，才敢與之謀計，故一律以子孫爲首，他人（他親）爲從。同理，子孫與祖父母、父母關係親近，相處密切，若實有致死之意，必是懷忿已久，沒有臨時起意之説，遂無「故殺」罪名。參見《大清律輯註》，卷十九，〈人命〉，「謀殺祖父母父母」，頁661。

除本條刑責外，還涉及「十惡」。

　　社會身份是絕對的階級關係，分爲皇族官員、平民和賤民三等，低位者殺害高位者，罪刑比殺同位者重，反之則輕。如果兩造有主奴關係，因從屬恩義之故，再加重處理，奴對主的殺害通常只有謀殺和過失殺兩種。身份法上凡是以下犯上，以卑凌尊均干犯名義，違背倫理，即使無心過失，仍予嚴懲；相反地，尊者殺害卑者，謀殺殺訖刑罰也僅從故殺法，刑責減輕。

　　本章討論庶民殺害皇族官員、自家親屬與賤民的量刑差異，此外，何種殺害情況罪會涉及「十惡」規定？《禮》所載的五服關係以及社會階層差異如何表現在法律之上？唐律殺害罪的身份規定與前朝舊律之間有何繼承或變異？其中的不同反映了什麼時代觀念？涉及身份關係的殺罪在社會中有何呈現？如何處理？都是本章討論的課題。

第二節　殺害皇族官員

　　「皇族」指皇家袒免以上親，《唐律疏議》〈賊盜〉「毆皇家袒免以上親」：

> 諸皇家袒免親而毆之者，徒一年；傷者，徒二年；傷重者，加凡鬪二等。緦麻以上，各遞加一等，死者，斬。〔註3〕

依據八議「議親」的【疏】議，皇親範圍以皇帝爲中心，包括宗室袒免以上親、太皇太后、皇太后緦麻以上親，皇后小功以上親等三族。〔註4〕皇親緣帝之尊，身份不同常人，凡人對之毆打、殺害均含有藐視帝王之意，加重議罪，至死皆斬。若皇室親屬身兼政府官職，殺害以重罪身分論，刑責不累加。〔註5〕

　　殺害官員，〈賊盜〉「謀殺府主等官」：

> 諸謀殺制使，若本屬府主、刺史、縣令，及吏卒謀殺本部五品以上官長者，流二千里；已傷者，絞；已殺者，皆斬。〔註6〕

〔註3〕《唐律疏議》，卷二十一，〈鬪訟〉，「毆皇家袒免以上親」（總315），頁398。
〔註4〕律文見第二章註63。
〔註5〕「問曰：『皇家袒免親，或爲佐職官，或爲本屬府主、刺史、縣令之祖父母、父母、妻、子，或是己之所親，若有犯者，合遞加以否』？答曰：『皇家親屬，爲尊主之敬，故異餘人。長官佐職，爲敬所部。尊敬之處，理各不同。律無遞加之文，法止各從重斷』」。《唐律疏議》，卷二十一，〈鬪訟〉，「毆皇家袒免以上親」（總315），頁398～399。
〔註6〕《唐律疏議》，卷十七，〈賊盜〉，「謀殺制使府主等官」（總252），頁326。

「制使者，奉敕定名及令所司差遣者是也」，〔註 7〕「制」、「敕」都是皇帝的命令，〔註 8〕制使身負敕命，代表皇權，對悍不敬即無臣下之禮，入十惡「大不敬」，〔註 9〕不准議減、不准上請侍親、會赦猶除名。殺害制使從重論刑表示尊重皇命之意。

「本屬府主」【疏】議：

> 府主者，依令「職事官五品以上，帶勳官三品以上，得親事、帳內」，
>
> 於所事之主，名為「府主」。國官、邑官於其所屬之主，亦與府主同。
>
> 其都督、刺史皆據制書出日；六品以下，皆據見記始是。〔註 10〕

「令」指「軍防令」。根據《唐六典》：「凡王公以下皆有親事、帳內」條注：「親王、嗣王、郡王、開府儀同三司及三品已上官帶勳者，差以給之」，〔註 11〕《通典》亦云：「又有親事、帳內，凡王公以下及文武職事三品以上帶勳官者，則給之」。〔註 12〕王公以下，三品以上文武職事官、帶勳官者配有親事、帳內服侍。六品、七品官之子為親事，八品、九品之子為帳內，掌管儀衛諸事，皆稱所侍奉之人為「府主」，雙方為直屬關係。【疏】議引令文云：「五品以上」可能有誤。〔註 13〕國官、邑官是親王公主的佐屬，掌理封國食邑、租調、財貨等事，〔註 14〕亦稱所侍之人為「府主」。

唐代官制，都督為從二品至從三品，刺史為從三品至正四品下，按《唐

〔註 7〕《唐律疏議》，卷一，〈名例〉，「十惡」（總 6）疏議，頁 12。

〔註 8〕《唐六典》：「天子曰制，曰敕，曰冊。皇太子曰令。親王公主曰教」。《唐六典》，卷一，〈三師三公尚書都省〉，「都事」，頁 10。

〔註 9〕《唐律疏議》，卷一，〈名例〉，「十惡」（總 6）疏議，頁 12。

〔註 10〕《唐律疏議》，卷一，〈名例〉，「十惡」（總 6）疏議，頁 15。

〔註 11〕《唐六典》，卷五，〈尚書兵部〉，「兵部員外郎」條，頁 155～156。

〔註 12〕（唐）杜佑撰，王文錦等點校，《通典》（北京：中華書局，1988），卷三十五，〈俸祿〉，「秩祿」，頁 965。

〔註 13〕參見《唐令拾遺》，卷十六，〈軍防令〉，「王公以下給親事帳內」，頁 297～298。戴炎輝，《唐律通論》（台北：國立編譯館，1964），第二編第二章之二，〈十惡之種類〉，註一五，頁 213。劉俊文，《唐律疏議箋解》，卷一，〈名例〉，頁 82。

〔註 14〕《舊唐書》：「王公以下置府佐國官。公主置邑司已下」。《舊唐書》，卷四十二，〈職官志〉，頁 1783。《唐會要》：「舊例，凡有功之臣賜實封者，皆以課戶，先準戶數，州縣與國官、邑官執帳供其租調，各準配租調遠近，州縣官司收其腳直，然後付國、邑官司，其下亦準此。入國、邑者，收其庸」。（宋）王溥撰，《唐會要》（上海：上海古籍，1991），卷九十，「食實封數」，頁 1944。王國邑司諸官官名職務詳見《唐六典》，卷二十九，〈諸王府公主邑司〉，「親王國」、「公主邑司」條，頁 732～733。

六典》：

> 五品已上以名聞，送中書門下，聽制授焉。六品已下常參之官，量
> 資注定；其才識頗高，可擢爲拾遺、補闕、監察御史者，亦以名送
> 中書門下，聽勅授焉。其餘則各量資注擬。〔註15〕

官員以五品爲別，五品以上由中書門下議裁，皇帝制授；六品以下由吏部核准授官。官員授職方式不同，法律地位有別，不僅常人殺傷加重計罪，若五品以上官員犯死罪，還得上請。〔註16〕「吏」謂流外官以下，爰及庶民；「卒」謂庶士、衛士之類，〔註17〕再加上律文所注的官屬賤民，謀殺本部或五品以上官員都適用本條律法。

　　詈、傷、殺長官加重常人刑，謀殺未傷流兩千里，謀殺已傷分首從論罪，謀殺殺訖不分首從皆斬，故殺、毆殺亦斬，毆折傷以上處絞。〔註18〕唐律將殺訖所屬官長與見授業師列爲十惡「不義」，「見受業師」指官學內的師生，不含私家自拜之師，〔註19〕另外，妻匿夫喪、夫喪期內釋服做樂，從吉改嫁等行爲亦入「不義」。官民、師生、夫妻雖不能與血緣親屬相比，仍有相屬相從之義，與一般人不同，【疏】議云：「禮之所尊，尊其義也。此條元非血屬，本止以義相從，背義乖仁，故曰『不義』」。〔註20〕「不義」有不能上議減罪、上請侍親，遇赦仍除名等規定。

　　所部吏卒毆殺九品以上，五品以下佐職者，或凡人鬥毆殺皇家袒免以上親屬、五品以上官長同入斬刑，除此之外，其餘殺害情況均依常法，無加刑之制。明代雷夢麟解釋：「制使不論官之崇卑，以其有王命也；部民不論官之

〔註15〕《唐六典》，卷二，〈尚書吏部〉，「吏部侍郎」條，頁27。

〔註16〕《唐律疏議》，卷二，〈名例〉，「皇太子妃（請章）」（總9），頁33。薛允升引《資治通鑑》：「上欲知百官名數，令狐綯曰：『六品已下，官卑數多，皆吏部注擬；五品以上，則政府制授，各有籍，命曰具員。』上命宰相作具員御覽五卷，上之」爲證，論述唐律官員以五品爲別之因。《資治通鑑》，卷二百四十八，〈唐紀　宣宗上〉，「大中二年二月」條，頁8032～8033。《唐明律合編》，卷二十一，「毆制使及本管長官」，頁579～580。

〔註17〕《唐律疏議》，卷一，〈名例〉，「十惡」（總6）疏議，頁15。卷二十一，〈鬥訟〉，「流外官以下毆議貴」（總316）疏議，頁399。

〔註18〕《唐律疏議》，卷二十一，〈鬥訟〉，「毆制使府主刺史縣令」（總314），頁397～398。

〔註19〕《唐律疏議·名例》：「『見受業師』謂服膺儒業，而非私學者。若殺訖，入『不義』；謀而未殺，自從雜犯」。《唐律疏議》，卷一，〈名例〉，「十惡」（總6）疏議，頁15。

〔註20〕《唐律疏議》，卷一，〈名例〉，「十惡」（總6）疏議，頁15。

崇卑，以其均有父母之責也；……蓋官非本管，其義已輕，罪至折傷，其刑已重，故只以凡人論也」。〔註21〕由律文可知，唐律對於官民關係的界定以五品爲界，身負皇命的制使、五品以上官員及皇家袒免親對所有人民都具有普遍意義，五品以下官員則僅限於所屬所轄。

《周禮》記載殺害王室親屬特別處刑，其云：「殺王之親者，辜之」，漢注：「辜之言枯者，謂磔也」。〔註22〕「磔」是分屍，殺害王親刑罰較一般殺人罪重，周代以降皆然。殺害制使官員，漢律有：「以縣官事毆若詈吏，耐。所毆詈有秩以上，及吏以縣官事毆詈五大夫以上，皆黥爲城旦舂。長吏以縣官事毆詈少吏□（者），亦得毋用此律」（〇四七）。〔註23〕吏，指縣長吏自行辟除，秩百石以下的屬吏，即低層辦事人員。〔註24〕有秩，百石鄉官，鄉戶五千置有秩，掌一鄉事，是地方基層官員。〔註25〕五大夫，漢二十爵制的第九等，爲大夫之首。〔註26〕所屬部民毆詈未滿百石官員自辟的掾吏，皆處耐刑，毆詈百石以上政府官員，則須黥爲城旦舂。「黥爲城旦舂」在同律刑等中僅次於死刑，毆詈低層官

〔註21〕《讀律瑣言》，卷二十，〈鬪毆〉，「毆制使及本管長官」，頁373～375。
〔註22〕《周禮注疏及補正》，卷三十五，〈秋官・司寇〉，「司圜」，頁15。
〔註23〕《張家山漢墓竹簡【二四七號墓】》，〈賊律〉，頁140。
〔註24〕吏除了泛指所有官吏之外，依秦漢官制，還可分爲長吏與少吏，長吏指兩百石以上的朝廷命官，少吏爲官員自辟的百石以下吏員。《漢書・百官公卿表》：「縣令、長，皆秦官，掌治其縣。萬戶以上爲令，秩千石至六百石。減萬戶爲長，秩五百石至三百石。皆有丞、尉，秩四百石至二百石是爲長吏。百石以下有斗食佐史之秩，是爲少吏」。《漢書》，卷十九上，〈百官公卿表第七上〉，頁782。參見廖伯源，〈漢初郡長吏雜考〉，《漢學研究》27：4（2009），頁62。黃釋賢，〈秦漢時期的吏〉（台北：中國文化大學史學研究所碩士論文，2007），第三章第一節，「從吏的官秩與職能來看」，頁36～37。
〔註25〕《漢書・百官公卿表》：「大率十里一亭，亭有長。十亭一鄉，鄉有三老、有秩、嗇夫、游徼」。《漢書》，卷十九上，〈百官公卿表第七上〉，頁782。《後漢書・百官志》：「鄉置有秩、三老、游徼。本注曰：有秩，郡所屬，秩百石，掌一鄉人：……皆主知民善惡，爲役先後，知民貧富，爲賦多少，平其差品」。《後漢書》，志第二十八，〈百官五〉，頁3624。《通典・職官》：「秦制，大率十里一亭，亭有長，十亭一鄉，鄉有三老、有秩、嗇夫、游徼。三老掌教化，嗇夫職聽訟，收賦稅，游徼徼循禁盜賊。漢鄉、亭及官皆依秦制也。……後漢鄉官與漢同，有秩，郡所署，秩百石，掌一鄉人」。《通典》，卷三十三，〈職官十五・鄉官〉，頁922～923。
〔註26〕《漢書》，卷十九上，〈百官公卿表第七〉，頁739～740。《通典》，卷三十一，〈職官十三〉，「歷代王侯封爵」，頁854。劉邦襲秦制，以第七爵公大夫爲高爵起點，惠帝時（西元前195年）頒佈詔令，將高爵起點提高至第九級的五大夫，五大夫在爵級上是軍吏的最高等級。

員即處重刑，可以推測殺害高階官員的懲罰不輕。〔註27〕

　　漢文帝母舅大將軍薄昭擁立有功，受封爲軹侯，卻因爲殺害制使，遭文帝逼迫自盡。〔註28〕《後漢書・馮異傳》亦云：「嗣子彰卒，子馮普嗣，有罪，國除」，下注：「東觀記曰：坐鬪殺游徼，會赦，國除」。〔註29〕游徼是管理地方秩序的基層小官，〔註30〕馮普爲嗣王，身份地位比游徼高，卻因鬪殺游徼遭除封國嗣地，顯示漢朝政府對殺害制使官員的重視。

　　晉律有云：「吏犯不孝，謀殺其國王、侯、伯、子、男、官長，誣偷受財枉法，及掠人和賣，誘藏亡奴婢，雖遇赦，皆除名爲民」。〔註31〕吏與本國官長爲直屬關係，晉律官吏殺害直屬官長遇赦除名，是針對吏與其所屬的長官而論。南朝宋孝武帝大明四年（460），朝臣廷議民殺長史遇赦的處理，劉秀之云：

> 律文雖不顯民殺官長之旨，若值赦但止徙送，便與悠悠殺人曾無一異。民敬官長，比之父母，行害之身，雖遇赦，謂宜長付尚方，窮其天命，家口令補兵。〔註32〕

長史爲郡守佐官，劉秀之以地方長官比民之父母爲由，主張殺害長史重於常人，遇赦應改爲流刑，家口補兵，宋孝武帝遂爲改制。程樹德指出，由此可見魏晉律民殺長史罪同一般殺人，加重科刑自南朝宋劉秀之始，〔註33〕若對照漢簡律文，精確地說，部民殺長史本刑重於殺凡人漢律已始，南朝宋的加刑是在遇赦的處理上。

〔註27〕 潘文凱認爲這條律文反映了當時社會有地方小吏利用職權，以低等官秩欺壓高等爵者的情況。見潘文凱，〈秦漢之際的封爵制度〉（台南：國立成功大學歷史研究所碩士論文，2006），第五章第二節之二，「西漢初期的爵位與官職關係」，頁120、頁127。

〔註28〕 《漢書》，卷四，〈文帝本紀〉，「十年冬」條，頁123。卷十八，〈外戚恩澤侯表〉，頁683。曹魏文帝和李德裕對漢文帝這樣的處理頗有微詞，以爲任法失情，司馬光卻稱讚文帝能執法如一。見《資治通鑑》，卷十四，〈漢紀　太宗孝文皇帝中〉，「十年」條，頁482。

〔註29〕 《後漢書》，卷十七，〈馮異傳〉，頁652。

〔註30〕 《急就篇》：「亭長一亭之長，主逐捕盜賊；游徼，鄉之游行徼循，皆督察姦非者也」。（西漢）史游撰，顏師古注，《急就篇》，收入李學勤主編，《中華漢語工具書書庫》（合肥：安徽教育，2002），第一冊，卷四，「亭長游徼共雜診」條，頁104。

〔註31〕 《太平御覽》，卷六百五十一，〈刑法〉，「除名」引晉律，頁2909。

〔註32〕 《宋書》，卷八十一，〈劉秀之傳〉，頁2075。

〔註33〕 《九朝律考》，〈晉律考　中〉，頁264。

唐代前期，張鷟的《朝野僉載》記載一個部民殺害縣令的事例：

> 崔玄暐初封博陵王，身爲益府長史，受封。令所司造輅，初成，有
> 大風吹其蓋傾折，識者以爲不祥。無何，弟暈爲雲陽令，部人殺之
> 雍州衙內，暐三從以上長流嶺南，斯亦咎徵之先見也。〔註34〕

武周後期，宰相崔玄暐與張柬之等人共同擁立中宗復辟，事後被擢爲中書令，神龍元年（705）檢校益州大都督府，領都督事。後因中宗納武三思計，尋被進封郡王，罷知政事，造車折蓋當於神龍元年六月封王後。〔註35〕神龍二年（706）夏，崔玄暐被貶爲白州司馬，削封爵，不久令流古州，子弟年十六以上長流嶺外，卒於道上，本案應發生於神龍元年夏至二年秋之間。〔註36〕雍州下轄雲陽縣，開元元年（713）更名爲京兆府，府衙設於長安光德坊。〔註37〕崔玄暐弟暈，史籍無載，僅知崔家三世同居，兄弟親愛，時譽稱美，本文撰者張鷟與崔氏兄弟活動時間相同，記錄可信度高。〔註38〕部民殺害縣令，合於唐律殺害府主罪，然該事資料不足，情況不明，難以查對。

《資治通鑑》載肅宗至德二載（757）六月，有將軍王去榮殺本主縣令事，文云：

> 將軍王去榮以私怨殺本縣令，當死。上以其善用礮，壬辰，敕免死，
> 以白衣於陝郡効力。中書舍人賈至不即行下，上表，以爲：「去榮無
> 狀，殺本縣之君。易曰：『臣弒其君，子弒其父，非一朝一夕之故，
> 其所由來者漸矣。』若縱去榮，可謂生漸矣。議者謂陝郡初復，非

〔註34〕（唐）張鷟撰，趙守儼點校，《朝野僉載》（北京：中華書局，1979），卷六，
「崔玄暐」，頁146。

〔註35〕唐代大都督通常由親王擔任，以長史領都督事。《新唐書》，卷三十五，〈五行
二〉，「常風」，頁900。（宋）宋敏求編，《唐大詔令集》（北京：中華書局，2008），
卷六十一，〈異姓王〉，「冊崔玄暐博陵郡王文」，頁332。

〔註36〕見《舊唐書》，卷七，〈中宗本紀〉，頁135～139、頁142。卷九十一，〈桓彥
範傳〉、〈崔玄暐傳〉，頁2930～2931、頁2934～2935。《資治通鑑》，卷二百
八，〈唐紀　中宗中〉，「神龍二年五月癸巳」、「六月戊寅」，頁6591、頁6603
～6604。

〔註37〕《舊唐書》，卷三十八，〈地理一〉，「京兆府」條，頁1395～1396。（宋）宋敏
求著，畢沅校正，《宋著長安志》（西安：太白文藝，2007），卷十，〈唐京城
四‧次南光德坊〉，「東南隅京兆府廨」，頁3。

〔註38〕周勛初云：「張鷟年壽甚高，身歷高宗、武后、中宗、睿宗、玄宗諸朝，書中
的記載，除了個別文敘及前代外，大部分的內容集中在上述幾個朝代，尤其
是武后之時的記述爲多，亦最可貴」。詳見周勛初，《唐代筆記小説敘錄》，〈朝
野僉載〉，頁10。

其人不可守。然則它無去榮者，何以亦能堅守乎？陛下若以礮石一
能即免殊死，今諸軍技藝絕倫者，其徒寔繁。必恃其能，所在犯上，
復何以止之！若止捨去榮而誅其餘者，則是法令不一而誘人觸罪
也。今惜一去榮之材而不殺，必殺十如去榮之材者，不亦其傷益多
乎！夫去榮，逆亂之人也，焉有逆於此而順於彼，亂於富平而治於
陝郡，悖於縣君而不悖於大君歟！伏惟明主全其遠者、大者，則禍
亂不日而定矣。」上下其事，令百官議之。太子太師韋見素等議，
以為：「法者天地大典，帝王猶不敢擅殺，是臣下之權過於人主也，
去榮既殺人不死，則軍中凡有技能者，亦自謂無憂，所在暴橫。為
郡縣者，不亦難乎！陛下為天下主，愛無親疏，得一去榮而失萬姓，
何利之有！於律，殺本縣令，列於十惡。而陛下寬之，王法不行，
人倫道屈，臣等奉詔，不知所從。夫國以法理，軍以法勝；有恩無
威，慈母不能使其子。陛下厚養戰士而每戰少利，豈非無法邪！今
陝郡雖要，不急於法也。有法則海內無憂不克，況陝郡乎！無法則
陝郡亦不可守，得之何益！而去榮末技，陝郡不以之存亡；王法有
無，國家乃為之輕重。此臣等所以區區願陛下守貞觀之法。」上竟
捨之。〔註39〕

王去榮殺害本主縣令，合於唐律十惡不義，依法不得議請減，肅宗卻以王去
榮武藝傑出為由，欲赦其罪，遭到中書舍人賈至的反駁，後雖下眾議，太子
太師韋見素也以為不可，肅宗仍予以赦免。本案引起朝臣關切，眾議懇請依
法論刑，除了司法公平之外，含有抑制武將跋扈之風的考量，亦可見殺害直
屬官長的嚴重性。

時間較晚的戴孚《廣異記》也有殺害縣令的案例：

湯氏子者，其父為樂平尉。令李氏，隴西望族，素輕易，恒以吳人
狎侮，尉甚不平，輕為令所猥辱，如是者已數四，尉不能堪。某與
其兄，詣令紛爭，令格罵，叱左右曳下，將加捶楚，某懷中有劍，
直前刺令，中胸不深，後數日死。令家人亦擊某，繫獄，州斷刑，
令辜內死，當決殺，將入市，無悴容。有善相者云：「少年有五品相，
必當不死；若死，吾不相人矣。」施刑之人，加之以繩，決畢氣絕，

〔註39〕《資治通鑑》，卷二百十九，〈唐紀 肅宗中之上〉，「至德二載六月」條，頁
7025～7026。

牽曳就獄。至夕乃蘇，獄卒白官，官云：「此手殺人，義無活理。」
令卒以繩縊絕，其夕三更復蘇。卒又縊之，及明復蘇。獄官以白刺
史，舉州歎異而限法不可，呼其父令自縊之，又於州門對眾縊絕，
刺史哀其終始，命家收之，及將歸第，復活，因葬空棺，養之暗室，
久之無恙。乾元中，爲全椒令卒。〔註40〕

根據顧況的〈戴氏廣異記序〉，戴孚與顧況同於肅宗至德初及第，孚官任校書，
年五十七終於饒州錄事參軍，〔註41〕《太平廣記》有其代宗大曆六年（771）
事，〔註42〕《廣異記》中時間最晚的記事在德宗建中年間，故推斷其活動時
間當於玄宗末至德宗初。樂平縣屬河東道遼州，縣尉之子湯某與縣令爭執，
突然以刃直刺縣令，使其傷重，於辜限內死亡，犯罪型態爲故殺。縣令與轄
內居民、吏員皆爲直屬關係，殺府主縣令依律應處斬刑，入十惡「不義」，本
案不知何故卻僅判處絞刑。

第三節　殺害親屬

親屬源於血緣天性，是最基本、最親近的人際關係，殺害親屬嚴重破壞
家人親愛之義與倫理秩序，被視爲違反人性和天理的舉動。《尚書‧周書》云：

> 封元惡大憝，矧惟不孝不友。子弗祗服厥父事，大傷厥考心。于父
> 不能字厥子，乃疾厥子。于弟弗念天顯，乃弗克恭厥兄，是不恭兄，
> 亦不念鞠子，哀大不友于弟。……天惟與我民彝大泯亂。乃其速由
> 文王作罰，刑茲無赦。〔註43〕

周代封建宗法制度將家的親親和國的尊尊合論，尊尊親親各爲表裏，家庭倫理
是國家秩序的支柱，殺害親屬破壞倫常，危及國家安全，是非常嚴重的罪行。《周
禮》云：「凡殺其親者，正之」，〔註44〕又云：「凡殺其親者焚之」。〔註45〕漢代
鄭元注「親」爲總麻以上親屬，殺害總麻以上親屬皆焚之。焚燒的重點不僅取

〔註40〕《太平廣記》，卷三百七十六，〈再生二〉，引戴孚《廣異記》「湯氏子」，頁 2992
　　　　～2993。
〔註41〕《文苑英華》，卷七百三十七，〈雜序三〉，頁 3838～3839。
〔註42〕《太平廣記》，卷三百五，〈神十五〉，引戴孚《廣異記》「王法智」，頁 2414。
〔註43〕《尚書注疏及補正》，卷十四，〈周書‧康誥〉，頁 23。
〔註44〕鄭元注《周禮》：「正之者，執而治其罪，王霸記曰：『正，殺之也』」。《周
　　　　禮注疏及補正》，卷二十九，〈夏官‧司馬〉，「大司馬」，頁 5。
〔註45〕《周禮注疏及補正》，卷三十五，〈秋官‧司寇〉，「司圜」，頁 15。

人性命，還完全毀壞犯者身體，表示共同「棄之」之意，而且火焚含有滌除罪惡的淨化功效，具有宗教意味。〔註46〕

唐律延用晉律，將親屬定義在「五服」之上，但是律法與禮的界定不完全相同。律將親屬分爲期、大功、小功、緦麻四等，論罪時通常又分爲期以上和緦麻以上兩層，罪刑輕重依服制有別，殺害皆以本服計，在某些特定罪目上，刑度另有變異。妻、妾與夫及夫家親屬非血緣關係，全部別文處理。緦麻以上親屬侵身犯，原則是以卑犯尊，關係愈親，罪責愈重；反之，關係愈親，罪刑愈輕，除了夫、妻、妾與親屬外，殺害卑幼刑不過絞。

然而殺害親屬，不分尊長卑幼，有心謀害即入十惡「不睦」，故殺、鬭殺、戲殺均是，殺害期親以上尊長則入「惡逆」。「不睦」不准上請侍親、不入八議論贖之列、會赦猶除名，殺小功以上尊親屬者，會赦猶須流兩千里；〔註47〕「惡逆」再加上決不待時，常赦不免，懲罰均較一般犯罪重的多。漢朝首開十惡之端，隋代定名，唐代詳備，〔註48〕內容多爲涉及倫理綱常的犯罪，是正刑之外的附加刑規定，唐律首篇列名「十惡」，表現法律維護倫理秩序的用意。〔註49〕

一、卑幼殺尊長

親屬之中以期親關係最爲親近，傷害期親尊長事態嚴重，即使尊長囑令，仍不得減罪，〔註50〕《唐律疏議·賊盜》「謀殺期親尊長」：

〔註46〕 （德）卡爾·賴德爾著，郭二民編譯，《死刑的文化史》（北京：三聯書局，1992），頁97～98。

〔註47〕 《唐律疏議》，卷三十，〈斷獄〉，「聞知恩赦故犯不得赦原」（總489），頁567～568。

〔註48〕 戴炎輝，〈唐律十惡之溯源〉，收入中國法制史學會出版委員會，《中國法制史論文集》（台北：中國法制史學會出版委員會，1981），頁2～3。劉俊文認爲有些文目甚至可以上溯至周秦。《唐律疏議箋解》，卷一，〈名例〉，「十惡」，頁87。

〔註49〕 劉俊文：「十惡均屬於嚴重違背禮經，喪失以忠君、孝親、崇仁、尊義爲核心的封建道德，破壞以君臣、父子、夫婦爲三綱的封建倫常行爲。集中稱以十惡，置於篇首，其意蓋欲表明律對於維護封建倫理道德的高度重視，從而達到震慑和禁絕違背禮教行爲之目的，故十惡之設，乃禮律教化的表現」。參見《唐律疏議箋解》，卷一，〈名例〉，「十惡」，頁88。

〔註50〕 《唐律疏議·斷獄》：「而子孫於祖父母、父母，部曲、奴婢於主，雖被祖父母、父母及主所遣而輒殺者，及雇人、倩人殺者，其子孫及部曲、奴婢皆以故殺罪論：子孫仍入『惡逆』，部曲、奴婢經赦不原。其被雇倩之人，仍同上

諸謀殺期親尊長、外祖父母、夫、夫之祖父母、父母者，皆斬。〔註51〕

【疏】議解釋：期親共承先祖，關係密切，殺害至親，尤其是親生父母，泯絕人性，形同梟鏡禽獸。〔註52〕律文列出謀殺未傷表示舉輕明重，其餘型態殺訖皆然。期親範圍【疏】議云：

期親者，謂伯叔父母、姑、兄弟、姊妹、妻、子及兄弟子之類。又例云：「稱期親者，曾、高同。」及孫者，謂嫡孫眾孫皆是，曾、玄亦同。其子孫之婦，服雖輕而義重，亦同期親之例。曾、玄之婦者，非。〔註53〕

法律中的期親尊長包括高祖父母、曾祖父母、祖父母、父母、伯叔父母、姑、兄姊，再加上另外標注的外祖父母。計謀殺害這些親屬，無論首從，不分已傷未傷，一概處以最重的斬刑，期親之間無戲殺罪名，〔註54〕過失殺祖父母、父母流三千里，殺其餘期親尊長、外祖父母減本殺傷罪二等。

殺緦麻以上親，同條云：

謀殺緦麻以上尊長者，流二千里；已傷者，絞；已殺者，皆斬。

【疏】議：

「謀殺緦麻以上尊長」則大功以下皆是，外姻有服尊長亦同，俱流二千里。已傷者，首處絞，從者流。謀而殺訖者，皆斬，罪無首從。

法定親屬以父系本宗為主，外姻有服尊長只有外祖父母、舅、姨。〔註55〕外祖父母服制雖是小功五月，但為母之父母，於殺害罪視同期親尊長，所以此處的緦麻以上外姻尊長只有舅、姨。緦麻以上親屬關係比期親疏遠，刑責減殺期親罪，謀殺未傷、謀殺已傷均分首從，按謀殺人首從法治罪，只有謀殺殺訖加刑，不分首從皆斬。

解，減鬥殺罪二等」。《唐律疏議》，卷二十九，〈斷獄〉，「死罪囚詞窮竟雇倩人殺」（總471）疏議，頁548。

〔註51〕《唐律疏議》，卷十七，〈賊盜〉，「謀殺期親尊長」（總253），頁327。

〔註52〕孟康注：「梟，鳥名，食母；破鏡，獸名，食父」。《漢書》，卷二十五上，〈郊祀志上〉，頁1219。

〔註53〕《唐律疏議》，卷二，〈名例〉，「八議者（議章）」（總8），頁33。

〔註54〕唐律規定與期親尊長不得為戲，仍從鬥殺論。《唐律疏議》，卷二十三，〈鬥訟〉，「戲殺傷人」（總338），頁426。

〔註55〕唐太宗曾有意將甥舅之服加至小功，《新唐書‧禮樂志》云：「然律疏舅報甥服猶緦」，之後高宗、玄宗又重提此意，爭議仍大，可能未曾實際施行。《新唐書》，卷二十，〈禮樂志〉，「五服之制」，頁446。《舊唐書》，卷二十七，〈禮儀志〉，頁1021～1023、頁1031～1036。

表2　唐律卑幼殺親屬尊長處刑表

對象 類型	期親以上尊長	緦麻以上尊長
謀殺	謀殺即斬，首、從皆然（總253）	謀殺：流兩千里，首從依謀殺律 已傷：絞 殺訖：首、從皆斬（總253）
故殺	無此罪名，視爲謀殺，斬（總253）	斬（總253）
鬪殺	斬（總253）	斬（總253）
戲殺	無此罪名，從鬪殺法，斬（總338）	徒三年（總338）
誤殺	斬（總253）	鬪毆誤殺傍人：流三千里 以故僵仆致死：徒三年 誤殺助己者：徒兩年半，僵仆致死徒 兩年（總336）
過失殺	祖父母、父母：流三千里（總329） 其餘親屬：徒三年（總328）	以贖論（總339）
備註	括號數字表示律文出處，以下唐律各表均同，不贅述	

　　謀殺尊長罪責深重，除本條刑罰之外，毆及謀殺期親尊長入十惡「惡逆」，惡性僅次於直接危害國家安全的「謀反」、「謀大逆」和「謀叛」。從赦免條件看，「惡逆」是十惡中最嚴苛的，桂齊遜指出一般所說的「常赦不免」、「十惡不赦」，若究其實，只有「惡逆」是眞正的常赦不免，可見唐律對「惡逆」懲罰之重，以及法律極盡可能保障家族倫理的態度。〔註56〕
　　《唐律疏議》「十惡」條「惡逆」注：
　　　謂毆及謀殺祖父母、父母，殺伯叔父母、姑、兄姊、外祖父母、夫、
　　　夫之祖父母、父母者。〔註57〕
注文分爲兩層，對祖父母、父母直系尊親長，謀殺未傷即入惡逆，故、鬪、戲殺俱是；唯誤殺傷助己之祖父母、父母以過失論，不入惡逆，〔註58〕流三千里。〔註59〕伯叔父母以下的期親尊長，殺訖才入惡逆，同理，故殺、鬪殺均是，任何型態的誤殺及過失殺皆不入，謀殺未殺訖則入「不睦」。

〔註56〕 桂齊遜，〈唐律在維護「家族倫理」上規範──以「惡逆、不孝」罪爲例〉，《史
　　　　學彙刊》第二十一期（2008），頁82。
〔註57〕 《唐律疏議》，卷一，〈名例〉，「十惡」（總6），頁8。
〔註58〕 《唐律疏議》，卷二十三，〈鬪訟〉，「鬪毆誤殺傷傍人」問答（總336），頁423
　　　　～424。
〔註59〕 《唐律疏議》，卷二十二，〈鬪訟〉，「毆詈祖父母父母」（總329），頁414。

南朝以前「惡逆」意指凌越公卿、冒犯尊上，用於家外關係的冒犯君王或皇親。例如：漢武帝後期，丞相劉屈氂夫婦以「使巫祠社，祝詛主上，有惡言，及與貳師共禱祠，欲令昌邑王爲帝」，遭有司奏發，云：「罪至大逆不道」。〔註60〕哀帝時，師丹駁斥傅太后求稱尊號事，被奏爲惡逆。〔註61〕東漢末期，王允稱董卓及部屬進逼宮廷、侵犯皇權的舉動爲惡逆。〔註62〕東晉成帝時，丹陽尹殷融指王敦作亂犯上謂：「王敦惡逆」，〔註63〕故張斐〈律表〉云：「陵上僭貴，謂之惡逆」。〔註64〕北周律有「惡逆」目卻不知具體內容，隋律沙門道士毀壞佛像天尊，百姓壞岳瀆神像，〔註65〕以及宗室子弟巫蠱詛上皆以惡逆論，〔註66〕唐代「惡逆」已經專指凌辱傷害家內至尊親長。

傷害父母等直系尊長加重計罪見於先秦，春秋邾婁定公時：

> 有弒其父者，有司以告，公瞿然失席，曰：「是寡人之罪也」。曰：「寡人嘗學斷斯獄矣，臣弒君，凡在官者，殺無赦；子弒父，凡在宮者，殺無赦。」殺其人，壞其室，洿其宮而豬焉。〔註67〕

「豬」爲「瀦」，是放水淹埋棄用。子弒父同臣弒君，殺人毀室後還要廢棄居地，處理十分嚴格，殺之不赦。戰國魏安陵君云：「吾先君成侯受詔襄王，以守此地也。手受大府之憲，憲之上篇曰：『子弒父，臣弒君，有常不赦。國雖大赦，降城亡子不得與焉』」。〔註68〕「憲」是法令，安陵城主先君受魏國法令，弒父者大赦不免，故晁錯云：「春秋之法，君親無將，將而必誅。故臣罪

〔註60〕《漢書》，卷六十六，〈劉屈氂傳〉，頁2883。

〔註61〕《漢書》，卷八十六，〈師丹傳〉，頁3509。

〔註62〕《後漢書》，卷六十六，〈王允傳〉，頁2176。

〔註63〕《晉書》，卷六十九，〈刁協傳〉，頁1843。

〔註64〕《晉書》，卷三十，〈刑法志〉，引張斐律表，頁928。

〔註65〕《隋書》，卷二，〈高祖本紀下〉，頁46。卷二十五，〈刑法志〉，頁715。

〔註66〕隋高祖弟滕穆王嗣子綸、衛昭王嗣子集均因怨望詛咒，坐厭蠱惡逆之罪。但不知這裡的「惡逆」是以親屬關係或是以君臣關係而論。唐律咒詛大功以上尊長，小功尊屬是爲「不睦」。開皇初，吐谷渾酋長呂夸數廢立其太子，太子不安，欲因父降隋，文帝不納，事洩，太子被呂夸所殺。少子訶繼位爲太子，復謀率民請降於隋，文帝曰：「渾賊風俗，特異人倫，父既不慈，子復不孝，朕以德訓人，何有成其惡逆也？吾當教之以義方耳」。其「惡逆」似已指違反家內秩序而言。上述見《隋書》，卷四十四，〈滕穆王瓚傳〉，頁1222。卷四十四，〈衛昭王爽傳〉，頁1224。卷八十三，〈吐谷渾傳〉，頁1843。《唐律疏議》，卷十八，〈賊盜〉，「憎惡造厭魅」問答（總264），頁341。

〔註67〕《禮記注疏及補正》，卷十，〈檀公下〉，「邾婁定公」，頁32。

〔註68〕（西漢）劉向集錄，何建章注釋，《戰國策注釋》（北京：中華書局，1990），卷二十五，〈魏四〉，「魏攻管而不下」，頁952。

莫重於弒君，子罪莫重於弒父」。〔註69〕春秋戰國時期經常將子弒父與臣弒君同論，凸顯兩罪刑責至重，有赦不免。

秦律有不孝罪、謁殺、家罪和非公室告等規定，強調卑幼對家長的服從，顯示政府對家長權力的重視，舉凡卑幼不孝、不順皆可提請政府懲處，可想而知，殺害尊長罪責不輕。秦簡〈法律答問〉有：「毆大父母，黥爲城旦舂，今毆高大父母，可（何）論？比大父母」（○七八）。〔註70〕大父母指祖父母，高大父母爲曾祖父母，毆曾祖父母與毆祖父母同刑，毆即得罪，處刑較毆一般人重，毆父母亦當如是。殺害罪責比毆打更重，刑罰可能不是一般死刑。

張家山漢簡〈賊律〉對傷害祖父母、父母有明確規定，律文曰：「子牧殺父母，毆詈泰父母、父母叚（假）大母、主母、後母、及父母告子不孝，皆棄市」（○三五）。〔註71〕牧，釋爲「欲賊殺，未殺而得」，泰父母爲祖父母，「父母叚（假）大母」應斷爲「父母、叚（假）大母」，叚（假）大母是非親生的祖母輩長者，例如：父之繼母、後母或是養母、乳母，〔註72〕主母指名義上有母子關係的女主人。子女謀殺父母、毆詈祖父母父母等直系尊長棄市，毆詈祖父母懲罰較秦律更重，毆兄姊也需耐爲臣妾。〔註73〕

此外律云：「賊殺傷父母，牧殺父母，歐（毆）詈父母，父母告子不孝，其妻子爲收者，皆錮，令毋（無）得以爵償、免除及贖」（○三八）。〔註74〕整理小組注「錮」爲「禁錮」，然「收」本有關押禁錮的意思，「錮」應指枷鎖加身或不得抵免，用意是強調罪刑深重。〔註75〕律文明言本罪不可用爵等或金錢收贖，無得免罪，與一般犯罪刑罰不同。

倘若已經造成實質傷害，律云：「子賊殺傷父母，奴婢賊殺傷主、主父母

〔註69〕（東漢）桓寬撰，王利器校注，《鹽鐵論校注》（北京：中華書局，1992），卷二，〈晁錯第八〉，頁113。

〔註70〕《睡虎地秦墓竹簡》，〈法律答問〉，頁114。

〔註71〕《睡虎地秦墓竹簡》，〈法律答問〉，頁114。

〔註72〕參見王子今、范培松，〈張家山漢簡賊律「叚大母」釋意〉，《考古與文物》2003：5，頁55。

〔註73〕原文：「毆兄姊及親父母之同產，耐爲隸臣妾。其奊訽詈之，贖黥」（○四一）。《張家山漢墓竹簡【二四七號墓】》，〈賊律〉，頁140。

〔註74〕《張家山漢墓竹簡【二四七號墓】》，〈賊律〉，頁139。

〔註75〕朱紅林，《張家山漢簡《二年律令》集釋》，〈賊律〉，頁43。曹旅寧則認爲連同上下文推斷，「錮」是「絕不寬貸」之意，即不准以爵位抵罪、免罪及金錢收贖。曹旅寧，〈釋張家山漢簡《賊律》中的「錮」〉，收入氏著，《張家山漢律研究》，頁86～87。

妻子，皆梟其首市」（〇三四），〔註76〕處以梟首刑，董仲舒〈春秋決獄〉也說：「毆父當梟首」。〔註77〕筆者以爲若對照二者之意，漢律毆父母應分爲未傷與已傷，未傷棄市，已傷梟首。東漢何休注《春秋公羊傳》云：「無尊上，非聖人，不孝者，斬首梟之」。〔註78〕沈家本認爲毆父即何休所謂的「不孝」，是漢法，漢律不孝梟首，因病殺父母仍梟首，有赦不免。〔註79〕懸首於木上爲「梟」，〔註80〕梟首是死刑中的重刑，漢代通常用於對付違反人倫的重大犯罪者，〔註81〕〈律表〉云：「梟首者惡之長，斬刑者罪之大，棄市者死之下」。〔註82〕至於誤殺尊長，董仲舒主張即使對象爲生父，依心而論，「誤」不同「故」，不應同罪，但實際判決不明。漢律戲殺和過失殺傷凡人皆處贖刑，對象若爲直系尊親長，照理不能等同凡人，可能與唐律類似，爲減死一等。

　　至於殺害季父與兄等期親尊長，《漢書‧王子侯表》云：「（驕丘敬侯寬）嗣侯毋害，本使二年，坐使人殺兄，棄市」、〔註83〕〈高惠高后功臣表〉：「（梧齊侯陽城延）嗣侯戎奴，坐使人殺季父，棄市」，〔註84〕都是處以棄市刑。棄市是漢律殺人罪的常刑，也就是說殺害季父、兄等期親尊長與殺一般人處刑無異，關於這點，沈家本說：

　　按殺人者棄市，漢通常法也，尊屬若季父，尊長若兄，卑屬若弟，亦不輕重於其間。罪既至死，無可附加，於父母則梟之。季父及兄究有間矣，弟雖卑屬，而骨肉相殘古人以爲風俗之害，故不爲之減也。後來律法則輕重不同矣。〔註85〕

沈家本認爲季父、兄畢竟與父母有別，且殺人罪已至死，無可附加，所以漢律處刑相同。

〔註76〕《張家山漢墓竹簡【二四七號墓】》，〈賊律〉，頁139。

〔註77〕《太平御覽》，卷六百四十，〈刑法〉，「決獄」，頁2868。

〔註78〕李學勤主編，《春秋公羊傳注疏》（台北：台灣古籍，2001），第三十六冊，卷十四，〈文公〉，「十六年冬十一月」條，頁365。

〔註79〕沈家本引《太平御覽》廷尉決事曰：「河內太守上民張太，有狂病，病發殺母弟，應梟首。遇赦，謂不當除之，梟首如故」。「殺母弟」是殺母及弟；「應梟首，遇赦，不當除之」就是後來的十惡不赦之意。參見《歷代刑法考》，〈刑法分考三〉，「梟首」條，頁121、123。

〔註80〕《史記》，卷六，〈秦始皇本紀〉，裴駰集解，頁229。

〔註81〕杜欽，〈漢代刑罰制度〉，第三章第一節，〈死刑〉，「梟首」，頁88～92。

〔註82〕《晉書》，卷三十，〈刑法志〉，引張裴律表，頁931。

〔註83〕《漢書》，卷十五上，〈王子侯表〉，頁462。

〔註84〕《漢書》，卷十六，〈高惠高后功臣表〉，頁619。

〔註85〕《歷代刑法考》，〈漢律撫遺卷五 賊律三〉，「殺季父殺兄殺弟」條，頁1458。

漢景帝時，防年繼母殺其父，防年殺繼母，廷尉引律曰：「殺母以大逆論」。〔註86〕漢代「大逆」爲「大逆不道」的省稱，用來指稱所有背德、逆倫、顚覆國家社會秩序的犯罪行爲，〔註87〕用於家內包含子殺母（後母）、子殺父、弟殺兄。「大逆不道」是抽象概括的罪名，《漢書》云：「不道無正法，以所犯劇易爲罪」，〔註88〕既沒有具體正法，也沒有正刑，在處罰上通常有不准贖、不弛繫禁、奪爵土、會赦不原減等規定。〔註89〕

西晉周處擔任散騎常侍之初，有女子李忽，知父欲叛晉北逃，遂殺父。周處奏曰：「叛父以偷生，破家以邀福，子圉告歸，懷嬴結舌，忽無人子之道，證父攘羊，傷化汙俗，宜在投畀，以彰凶逆，典刑市朝，不足塞責」。〔註90〕周處任職中書省前，歷任多處地方太守，史載：「郡多滯訟，有經三十年而不決者，處詳其枉直，一朝決遣」。〔註91〕以熟於律法，善於治獄撫民著稱。子圉、懷嬴事見《左傳》僖公二十二年，晉太子子圉質於秦，秦以懷嬴妻之，子圉與妻協議逃歸，懷嬴以叛君不義未從，亦不言子圉逃歸之事於君，〔註92〕按周處之意，對於至親尊長犯罪，應如懷嬴緘默不語爲是。本案李忽雖因父欲叛國而殺之，周處仍以背父、殺父無人子之道爲由，以凶逆論斬獲准，可見晉人對家內倫理的重視，父由叛國亦不得減。

東晉時，有桂陽人黃欽生詐言父喪，殷仲堪曰：「律詐取父母寧依毆詈法棄市」。〔註93〕南朝宋孝武帝大明年間，安陸應城縣民張江陵與妻吳氏共罵母，母忿恨自殺死，宋書引律：「毆父母梟首，罵詈棄市」、「打母遇赦猶梟首」。〔註94〕東晉律、宋律承襲漢法，毆傷、殺父母梟首，遇赦不免。因律無致母死條，張江陵案遂援用毆母法處置。《舊唐書》〈竇參傳〉也有一則子致父死

〔註86〕 《通典》，卷一百六十六，〈刑法〉，「雜議」，頁4288。

〔註87〕 （日）大庭脩著，林劍鳴等譯，《秦漢法制史研究》（上海：人民，1991），第二篇第三章，〈漢律中"不道"的概念〉，頁115。崔永東，〈漢代法制叢考〉，收入楊一凡總主編，《中國法制史考證》，甲編（歷代法制考），第三卷，〈兩漢魏晉南北朝法制考〉（高旭晨主編），頁317～325。

〔註88〕 《漢書》，卷七十，〈陳湯傳〉，頁3026。

〔註89〕 戴炎輝，〈唐律十惡之溯源〉，收入中國法制史學會出版委員會，《中國法制史論文集》，頁7～38。

〔註90〕 《太平御覽》，卷六百四十七，〈刑法部十三〉，「殺」，頁2896。

〔註91〕 《晉書》，卷五十八，〈周處傳〉，頁1570。

〔註92〕 詳見《春秋左傳注》，卷十四，〈僖公二十二年〉，「冬十有一月」條傳，頁394。

〔註93〕 《晉書》，卷八十四，〈殷仲堪傳〉，頁2194。

〔註94〕 《宋書》，卷五十四，〈孔季恭傳附子淵之〉，頁1534。

的案例：

> （竇參）遷奉先尉，縣人曹芬，名隸北軍，芬素兇暴，因醉毆其女
> 弟，其父救之不得，遂投井死。參捕理芬兄弟當死，眾官皆請俟免
> 喪。參曰：「子因父生，父由子死，若以喪延罪，是殺父不坐也。」
> 皆正其罪而杖殺之，一縣畏伏。〔註95〕

《新唐書》作「醉暴其妹」或說為強暴。〔註96〕曹芬傷妹雖是曹父自殺的原因，但是投井不由曹芬手，唐律無相符罪名，薛允升解釋：

> 唐律無因事威逼人致死之文，以死由自盡，無罪可科故也。然事理
> 賅載不盡者，又有不應為一條，分別情節輕重，科以笞杖足矣。……
> 唐律非親手殺人，無論因何事致人自盡，均不以實抵。〔註97〕

生死為個人選擇，唐律沒有逼人致死的罪名，如果行為確實有不當之處，可以引用唐律「不應得為」處理，〔註98〕因此，本案在當時應該援引「不應得為」為斷。然而受害對象為親父，法律對於因卑幼之故導致尊長傷死一律從重，若以「不應得為」判，最重僅杖八十，刑責太輕，如果比照張江陵案引用毆詈罪論處，則應處絞或處斬。

竇參以奉先尉的身份處理本案，奉先原名蒲城，本屬同州，開元四年（716）改隸京兆府，十七年（729）置官比同赤縣，〔註99〕有令一人，尉六人，司法案件一般由縣令決斷，何況本案不僅犯刑重大，還牽涉禁軍，理應由縣令裁決，竇參可能是以縣尉代攝令事。史載：「參習法令，通政術，性矜嚴，強直而果斷……理獄以嚴稱」。竇參決「杖」合於「不應得為」，然杖至於死則與法不合，宋朝鄭克認為竇參是刻意速判速決，加重刑罰，目的是為了避免有人賄賂中官，為之脫罪，有心彰顯法律效力，藉以達到「立威」的目的，並非單純按律論刑。〔註100〕

〔註95〕《舊唐書》，卷一百三十六，〈竇參傳〉，頁3745。
〔註96〕《新唐書》，卷一百四十五，〈竇參傳〉，頁4730。
〔註97〕《唐明律合編》，卷十八，〈人命二〉，「威逼人致死」，頁498～502。明清律增加了子孫威逼祖父母、父母致死罪，比同毆律論斬。
〔註98〕《唐律疏議・雜律》：「諸不應得為而為之者，笞四十；事理重者，杖八十」。《唐律疏議》，卷二十七，〈雜律〉，「不應得為」（總450），頁522。
〔註99〕《舊唐書》，卷三十八，〈地理一〉，「關內道」，頁1398。
〔註100〕「按唐制，縣令斷決死罪。參為奉先尉，時殆攝行縣事歟？眾請俟免喪者，謂其父既赴井死矣，而兄弟又坐法死，則無人持喪也。此蓋北軍之眾，屯於奉先，故為之請，以緩其刑，而欲賂中官使獲免耳。參駁正其說，乃亟決之，

另外，《舊唐書》記載一殺父兄例：

（劉）總，濟之第二子也，性陰賊險譎。元和五年，濟奉詔討王承宗，使長子緄假爲副使，領留務。……濟驚惶憤怒，不知所爲，因殺主兵大將數十人及與緄素厚者，乃追緄，以張玘兄皐代知留務。濟自朝至日晏不食，渴索飲，總因置毒而進之。濟死，緄行至涿州，總矯以父命杖殺之，總遂領軍務。朝廷不知其事，因授以斧鉞，累遷至檢校司空。……初，總弒逆後，每見父兄爲祟，甚慘懼，乃於官署後置數百僧，厚給衣食，令晝夜乞恩謝罪。每公退，則憩于道場，若入他室，則恟惕不敢寐。晚年恐悸尤甚，故請落髮爲僧，冀以脫禍，乃以判官張皐爲留後。總以落髮，上表歸朝，穆宗授天平軍節度使，既聞落髮，乃賜紫，號大覺師。總行至易州界，暴卒。〔註101〕

幽州節度使劉總爲了繼承軍務，於憲宗元和五年（810）毒殺親父劉濟，又矯稱父令，杖殺兄長劉緄，連殺父、兄二位期親尊長，應入「惡逆」，但是朝廷不知其事，還是讓劉總繼承節度使的位子，類似這樣的家內犯罪，外人不易察知，有司法審理的困難，不過劉總雖然沒有受到國法制裁，卻沒能逃過自我良心的譴責，深受鬼魅陰影所擾，最終還是自食惡果。

二、尊長殺卑幼

尊長殺卑幼傷害家內和諧，亦入「十惡」。以尊侵卑，關係愈近罪責愈輕，父母殺子刑罰最小。秦律規定若有正當理由欲殺子，必須謁告官府，由官府裁行，法律不允許父母擅殺子女，也不因此接受子女自提告訴，表示政府保障家父長權力之意。〔註102〕所謂「正當理由」即不順父母，一般通稱「不孝」。不孝罪秦之前已有，《周禮》鄉八刑第一條即爲「不孝之刑」；〔註103〕《呂氏春秋》引〈商書〉曰：「刑三百，罪莫重於不孝」。〔註104〕秦律「不孝」罪，〈法律答問〉載：「免老告人以爲不孝，謁殺，當三環之不？不當環，亟執勿失」

蓋以此也」。（宋）鄭克編撰，劉俊文譯註點校，《折獄龜鑑譯註》（上海：上海古籍，1988），卷四，「竇參亟決」，頁198。

〔註101〕《舊唐書》，卷一百四十三，〈劉總傳〉，頁3902。

〔註102〕王彥輝，〈從張家山漢簡看西漢時期私奴婢的社會地位〉，收入中國社會科學院簡帛研究所編，《張家山漢簡《二年律令》研究文集》，頁347～348。

〔註103〕《周禮注疏及補正》，卷十，〈秋官・司徒〉，「鄉八刑」，頁12。

〔註104〕陳奇猷校注，《呂氏春秋新校譯》（上海：上海古籍，2002），卷十四，〈孝行覽第二〉，「孝行」，頁737。

（一○二）。﹝註105﹞子不孝，父可奏請官府殺之。秦簡〈封診式〉中有兩個不孝案例，一是父告子不孝，請求處死；一是要求將不孝子遷配邊地，終身不得歸家，政府皆依父意辦理。﹝註106﹞張家山漢簡〈賊律〉有：「□□□□□□子不孝，必三環之。三環之各不同日而告，乃聽之。教人不孝，黥爲城旦舂」（○三五～○三七）、﹝註107﹞〈奏讞書〉云：「教人不孝，次不孝之律。不孝者棄市。棄市之次，黥爲城旦舂」（一八一、一八二）。﹝註108﹞漢律不孝棄市，教人不孝罪減不孝一等，黥爲城旦舂，由父母提出告訴，官府執刑，與秦律相同。﹝註109﹞

﹝註105﹞《睡虎地秦墓竹簡》，〈法律答問〉，頁119～120。「三環」之意尚有爭議，睡虎地秦簡小組釋「環」讀「原」，寬宥，意指《周禮・司刺》所載古代對死刑判處有「三宥」的手續。參見《睡虎地秦墓竹簡》，〈法律答問〉，頁119～120。錢大群認爲「三環」即「三還」，就是「三卻」，是三種拒絕受理的制度，指「州告」、「家罪」和「非公室告」。見錢大群，〈秦律「三環」論〉，《南京大學學報》1988：2，頁69～73。曹旅寧則謂若比對《張家山漢簡・賊律》：「三環之各不同日而上告，乃聽之」，「三還」的眞實含意仍有疑問。參見曹旅寧，〈論秦律中的家族法〉，收入氏著，《秦律新探》（北京：中國社會科學，2002），頁77。

﹝註106﹞原文分別爲告子 爰書：「某里士五（伍）甲告曰：『甲親子同里士五（伍）丙不孝，謁殺，敢告。』即令令史往執。令史已爰書：與牢隸臣某執丙，得某室。丞某訊丙，辭曰：『甲親子，誠不孝甲所，毋（無）坐他罪』」（○五三、○五四）。遷子 爰書：「某里士五（伍）甲告曰：『謁鋈親子同里士五（伍）丙足，遷蜀邊縣，令終身毋（無）得去遷所，敢告』告法（廢）丘主：士五（伍）咸陽才（在）某里曰丙，坐父甲謁鋈其足，遷蜀邊縣，令終身毋（無）得去遷所論之，遷丙如甲告，以律包。今鋈丙足，令史徒將傳及恒書一封詣令史，可受代吏徒，以縣次傳詣成都，成都上恒書太守處，以律食。法（廢）丘已傳，爲報，敢告主」（○四九～○五二）。參見《睡虎地秦墓竹簡》，〈治獄程式〉，頁155～154、頁155。「鋈足」是在足部加上刑具，「遷」，指放逐遠地，妻、子需隨行，且終身不得離開邊地，是否服役尚有爭論。見栗勁，《秦律通論》，第五章第三節，「鋈足」，頁259～262。黃岳展，〈雲夢秦律簡論〉，收入楊一凡總主編，《中國法制史考證》，甲編（歷代法制考），第二卷，〈戰國秦法制考〉（馬小紅主編），頁266。王關成、郭淑珍編著，《秦刑罰概述》，〈流刑〉，「遷」，頁103～109。

﹝註107﹞《張家山漢墓竹簡【二四七號墓】》，〈賊律〉，頁139。

﹝註108﹞《張家山漢墓竹簡【二四七號墓】》，〈奏讞書〉，頁227。

﹝註109﹞張伯元對於秦漢告子不孝，政府是否即依父意處理採取保守的態度，他認爲律文和〈封診式〉的例子都沒有明確說明處刑結果，司法對於不孝罪的處理和論定還有斟酌的空間。張伯元，〈秦漢法制中的尊卑等級〉，收入氏著，《出土法律文獻研究》，頁146。然而即使不完全依父母之意處理，從文意來看，子女不孝確實已經成爲犯罪行爲，政府會介入處理，父母的意見對判決還是有決定性的影響。

　　魏晉南朝沿襲不孝罪名。曹魏甘露五年（260），郭太后詔責高貴鄉公曰：「夫五刑之罪，莫大於不孝。夫人有子不孝，尙告治之，此兒豈復成人主邪」？〔註110〕詔書聲言不孝罪刑深重，爲衆罪之首，並點出子犯不孝，政府治之的態度。又例魏元帝景元三年（262），東平侯子呂巽與弟呂安之妻有染，誣安不孝，安遂遭囚。〔註111〕另外，東晉安帝元興元年（402），桓玄攻入建康，誅殺政敵司馬元顯等，其中司馬道子的罪名爲「酣縱不孝，當棄市」，〔註112〕可知晉律也有不孝罪，不孝者棄市。南朝宋武帝永嘉年間，何承天受聘爲南蠻長史，時有民尹嘉，母以身貼錢爲兒償債，被告不孝，當坐法死，何承天議曰：「法云：謂違犯教令，敬恭有虧，父母欲殺，皆許之」。〔註113〕點明違反父母教令、奉養有虧，均構成不孝罪，父母有權請殺。

　　北魏太和十一年（487），孝文帝下詔加重不孝罪的處罰，〔註114〕北齊、北周進一步將相關嚴重侵害秩序的罪行歸類爲十條重罪，逐漸形成「十惡」。十惡出現之前，「不孝」罪可能有正法、正刑而沒有明確的行爲內容，凡不順父母皆屬之；然唐律十惡的「不孝」已經轉變成一種有明確行爲的、正刑以外的附加刑概念，兩者性質不同。唐律「不孝」包括告言詛詈祖父母父母、爲求愛媚厭祝祖父母父母、父母在時別籍異財、喪時居喪嫁娶、匿不舉哀、釋服從吉、詐稱祖父母父母亡、供養有缺。〔註115〕

　　中唐劉肅的《大唐新語》有個寡婦訴子不孝，告官欲殺的案件：

> 李傑爲河南尹，有寡婦告其子不孝，其子不能自理，但云：「得罪於母，死甘分。」傑察其狀，非不孝子也，謂寡婦曰：「汝寡居，唯有一子，今告之，罪至死，得無悔乎？」寡婦曰：「子無賴，不順母，寧復惜之！」傑曰：「審如此，可買棺木來取兒屍。」……。〔註116〕

〔註110〕（西晉）陳壽，《三國志・魏志》（北京：中華書局，1959），卷四，〈高貴鄉公傳〉，頁147。

〔註111〕《三國志・魏志》，卷二十一，〈王燦傳〉，裴松之注引孫盛《魏氏春秋》，頁606。

〔註112〕《晉書》，卷六十四，〈武帝十三王 會稽文孝王道子傳〉，頁1740。《資治通鑑》，卷一百一十二，〈晉紀 晉安帝丁〉，「元興元年癸酉」，頁3539～3540。

〔註113〕《宋書》，卷六十四，〈何承天傳〉，頁1702。

〔註114〕《魏書》，卷一百一十一，〈刑罰志〉，頁2878。

〔註115〕各條內容分析可參閱孫家紅，〈論唐律「子孫違犯教令」條款與不孝罪的區別和聯繫〉，《法制史研究》第十八期（2010），頁6～18。

〔註116〕（唐）劉肅撰，許德楠、李頂霞點校，《大唐新語》（北京：中華書局，1984），卷四，〈政能第八〉，頁68。

李傑擔任河南尹的時間爲開元初，〔註117〕文中寡母以不順爲由告子不孝，李傑表示不孝罪刑至死，勸母撤銷告訴，這與律文十惡中的「不孝」內容不同。唐律十惡非正罪，是某些特定罪目上附加的罪名及刑罰規定，本案寡婦子所犯正罪應該是「違犯教令」，《唐律疏議‧鬪訟》「子孫違犯教令」：

> 諸子孫違犯教令及供養有闕者，徒二年。

【疏】議：

> 祖父母、父母有所教令，於事合宜，即須奉以周旋，子孫不得違犯；
> 「及供養有闕者」，禮云「七十，二膳；八十，常珍」之類，家道堪
> 供，而故有闕者：合徒二年。故注云「謂可從而違，堪供而闕者」。
> 若教令違法，行即有愆；家實貧窶，無由取給：如此之類，不合有
> 罪。皆須祖父母、父母告，乃坐。〔註118〕

不順父母即本條的違犯教令，律文明言必須是合理且在子孫能力範圍內的要求，意即能爲而不爲，懲罰是徒二年，非案中所稱的死刑，可見李傑所謂「罪至死」不是根據唐律律文，而是延續傳統以來的不孝謁殺制度，在唐代社會中，父母對子女這種教令掌控權依然持續作用。

不孝謁殺在中國延續了很長的時間，瞿同祖云：

> 父母如果以不孝的罪名呈控，要求將子處死，政府也是不會拒絕
> 的，……這裡我們可以看出法律對父權的傾向，父親對子女的生殺
> 權在法律制度發展到某種程度時，雖然被法律機構撤銷，但很明顯
> 地，卻仍保留有生殺的意志，換言之，國家收回的只是生殺的權力，
> 但堅持的也只是這一點，對於父母生殺的意志並未否認，只是要求
> 代爲執行而已。〔註119〕

表面上合法殺人的權力只由政府獨享，實際上政府卻未因此侵犯家長對子女的控制權，只是行刑者改變罷了。政府維護家庭倫理的出發點在於孝悌利於治，教化與刑罰都是治民的手段，「謁殺」制度可視爲政府權力與家內倫理觀協調下的代表性產物。〔註120〕

〔註117〕《舊唐書》，卷一百，〈李傑傳〉，頁3111。
〔註118〕《唐律疏議》，卷二十四，〈鬪訟〉，「子孫違犯教令」（總348），頁437～438。
〔註119〕瞿同祖，《中國法律與中國社會》（台北：里仁書局，1984），第一章，〈家族〉，頁11～12。
〔註120〕李貞德，〈西漢律令中的家庭倫理觀〉，《中國歷史學會史學集刊》第十九期（1987），頁45～47。

此外，張家山漢簡〈賊律〉有：「妻悍而夫毆笞之，非以兵刃也，雖傷之，毋（無）罪」（○三二）。〔註121〕夫是一家之主，於妻、子均負管教責任，毆罵撲責都是訓誡的手段，《呂氏春秋》云：

> 家無怒笞，則豎子嬰兒之有過也立見；國無刑罰，則百姓之悟相侵
> 也立見；天下無誅伐，則諸侯之相暴也立見。故怒笞不可偃於家，
> 刑罰不可偃於國，誅伐不可偃於天下，有巧有拙而已矣。〔註122〕

將家長笞打子女與國家刑罰人民同論，視爲治家、治國的手段，子女地位比母低，妻悍，夫毆之無罪，子女不順，父毆之，亦應無罪。律又云：「父母毆笞子及奴婢，子及奴婢以毆笞辜死，令贖死」（○三九）。〔註123〕按〈賊律〉毆傷他人，傷者在辜內死等同殺人，〔註124〕合兩律所述，毆死子女應斷爲贖死。〔註125〕律法中毆傷殺妻、子罪刑偏輕與謁殺制度的立意一樣，都在保障家長的管控權，強調家內倫理秩序。

原則上父母有權處置子女，尤其是子孫有犯的時候，故意殺子卻違背家人親親的天理。春秋時代，晉獻公因爲個人好惡，殺世子申生改立奚齊，《春秋》直稱獻公爲「晉侯」，貶低他的身份，傳云：「殺世子、母弟直稱君者，甚之也」，何休注：「甚之者，甚惡殺親親也」，〔註126〕嚴重譴責晉侯蓄意殺

〔註121〕《張家山漢墓竹簡【二四七號墓】》，〈賊律〉，頁139。

〔註122〕《呂氏春秋新校譯》，卷七，〈孟秋紀第七〉，「蕩兵」，頁388。

〔註123〕《張家山漢墓竹簡【二四七號墓】》，〈賊律〉，頁139。

〔註124〕「鬥傷人，而以傷辜二旬中死，爲殺人」（○二四）。《張家山漢墓竹簡【二四七號墓】》，〈賊律〉，頁137。

〔註125〕學者認爲秦到漢初的贖刑大體可分爲兩種，一種是「獨立贖刑」，針對比較輕微的犯罪，如過失殺人等，所有人民皆適用；另一種是「附屬贖刑」，適用對象僅限王公貴族、有爵者及少數民族首領，肉刑、死刑皆可以爵贖。尊長殺害卑幼係特殊關係之犯罪，給予贖刑處理，所以律文言「令贖」，一般人都適用。參見栗勁，《秦律通論》，第五章，〈秦律的刑罰體系〉，頁292～294。（日）冨谷至著，胡平生、陳青譯，〈秦漢二十等爵制和刑罰的減免〉，收入李學勤、謝桂華主編，《簡帛研究2001》（桂林：廣西師範大學，2001），下冊，頁567～586。（日）角谷常子著，胡平生、陳青譯，〈秦漢時代的贖刑〉，收入李學勤、謝桂華主編，《簡帛研究2001》，下冊，頁587～601。張建國，〈論西漢初期的贖〉，《政法論壇》2002：5，頁36～42。曹旅寧，〈張家山漢律贖刑考辯〉，收入氏著《張家山漢律研究》，頁240～248。孫家州主編，《秦漢法律文化研究》（北京：中國人民大學，2007），第四章，〈刑罰制度個案研究〉，「秦漢贖刑新探」，頁261～282。

〔註126〕李學勤主編，《春秋公羊傳注疏》，第三十六冊，卷十，〈僖公〉「五年春」條，頁252。

子的行為。秦律確立父無權擅殺子的原則，律曰：「擅殺子，黥爲城旦舂」，〔註127〕父殺子屬於「非公室告」，除被殺子爲法定繼承人外，皆提告不理，顯現家主對卑幼的絕對權力。〔註128〕

東漢班固大力譴責父殺子的行為，他說：「天地之性人爲貴，人皆天所生也，託父母氣而生耳。王者以養長而敎之，故父不得專也」。〔註129〕人命是上天賦予，生而珍貴，國家養之，社會成之，非個人之物，父母沒有專殺的權力。東漢末年，酷吏王吉爲沛相，史載：「若有生子不養，即斬其父母，合土棘埋之。凡殺人皆磔屍車上，隨其罪目，宣示屬縣」。〔註130〕漢法殺人處棄市刑，依後文判斷，生子不養處斬未必合於律法規定。漢末黨錮名臣賈彪擔任新息長官時，地方小民由於經濟困難，生子不舉，史載：「彪嚴爲其制，與殺人同罪」，〔註131〕沈家本云：「此乃偉傑，律外辦法，非《漢律》如此」，〔註132〕同樣以爲殺子處死不是漢律的規定，沈氏並推斷後魏律中的

〔註127〕 若新生之子身體不全或爲怪物，可殺之。律文云：「擅殺子，黥爲城旦舂。其子新生而有怪物其身及不全而殺之，勿辠（罪）。今生子，子身全殹（也），母（無）怪物，直以多子故，不欲其生，即弗舉而殺之，可（何）論？爲殺子」（○六九、○七○）。《睡虎地秦墓竹簡》，〈法律答問〉，頁112。

〔註128〕 「公室告可（何）殹殹（也）？非公室告可（何）殹殹（也）？賊殺傷、盜他人爲公室告；子盜父母，父母擅殺、刑、髡其及奴妾，不爲公室告」（一○三）、「子告父母，臣妾告主，非公室告，勿聽。可（何）謂非公室告？主擅殺、刑、髡其子、臣妾是謂非公室告，勿聽。而行告，告者辠（罪），（罪）已行，它人有（又）襲其告之，亦不當聽」（一○四、一○五）。「非公室告」類似於非公訴罪的概念，即使上告，政府也不受理。除非殺害的是法定繼承人，秦簡有「擅殺、刑、髡其後子，讞之，可（何）謂後子？官其男爲爵後，及城邦君長所置爲後大（太）子，皆爲後子」（○七二）。釋文解釋「後子」是指做爲法定繼承人的嫡子，秦律對於法定繼承人的保障有別於其他諸子，然「後子」需經官方手續才能取得身份。以上諸例參見《睡虎地秦墓竹簡》，〈法律答問〉，頁120、頁120、頁113。論述參見栗勁，〈公室告與非公室告〉，收入氏著，《秦律通論》，頁317～318。曹旅寧，〈論秦律中所見的家族法〉，收入氏著，《秦律新探》，頁90～93。劉欣寧，《由張家山漢簡《二年律令》論漢初的繼承制度》（台北：國立臺灣大學出版委員會，2007），第一部份第五章，〈秦漢時代的後子〉，頁83。

〔註129〕 （東漢）班固著，陳立撰，吳則虞點校，《白虎通疏證》（北京：中華書局，1994），卷五，「誅伐」，頁216。

〔註130〕 《後漢書》，卷一百七，〈酷吏列傳〉，「王吉」，頁2501。

〔註131〕 《後漢書》，卷六十七，〈賈彪傳〉，頁2216。

〔註132〕 《歷代刑法考》，〈漢律摭遺卷五　賊律三〉，「殺子」，頁1460～1461。沈氏此處引後魏律文「祖父母、父母忿怒以兵刃殺子孫者五歲刑，毆殺及愛憎而殺減一等」有誤，應爲本章註136之説。

祖父母、父母忿而以兵刃殺子一文出於漢法。不過，程樹德根據賈彪事的文意推測漢以前故殺子女應該不減殺凡人罪，所以傳文才會有「嚴其制」的說法。〔註133〕

東晉安帝時發生兩件殺子案：一是郭逸後妻杖打前妻所生子，子死，文曰：「妻因棄市，如常刑」。〔註134〕一是義熙十四年（418），軍人朱興之子道周年僅三歲，有痼病，病發，其母周氏挖地生埋，遭道周的姑姑告發，周氏被判棄市。對照前後兩例處刑，前例中所謂的「如常刑」應指如常母殺子之刑，晉律殺子同需棄市。在周氏案中，尚書僕射徐羨之議曰：

> 自然之愛，虎狼猶仁。周之凶忍，宜加顯戮。臣以爲法律之外，故尚弘物之理。母之即刑，由子明法，爲子之道，焉有自容之地。雖伏法者當罪，而在宥者靡容。愚謂可特申之遐裔。〔註135〕

徐羨之以爲殺子行徑雖天性不容，父母因爲子女之故遭罹死刑同樣與理不合，應該減其死罪，流放遠地。徐羨之的論點被採納，政府將故殺子的罪刑降低，不與殺凡人同刑，可能即爲本罪減刑的開始。後魏律「祖父母、父母忿怒以兵刃殺子孫者五歲刑，毆殺者四歲刑，心有愛憎而故殺，各加一等」，〔註136〕意即祖父母、父母殺子最重可處五歲刑加一等，爲流刑，懲罰比死刑輕。〔註137〕

故殺子女如論者所言，泯滅天性，違反親愛之理，造成家庭社會的不安。就政府而言，人力是國家資源，人口多寡影響國勢及稅收，自然不能坐視家長任意處置，是故自春秋以降，故殺子女皆不爲法律接受。不過東晉以後，父母故殺子女的刑責明顯減輕，表示法律對政府與家族權力的考量出現了變化，家庭重視度增強，這種轉變可能反映了兩者在現實環境中對個體支配權角力的結果，也可能是受到法律進一步儒家化的影響，連帶強化父母對子女的處置權。陳寅恪曾云：「司馬氏以東漢末年之儒學大族創建晉室，統制中國，其所制訂之刑律尤爲儒家化……」，〔註138〕從身份與罪刑關係來看，包括強調親屬名分尊卑、處理復仇問題等，晉律確實較秦漢律更受儒家思想影響，加

〔註133〕《九朝律考》，〈後魏律考上〉，「魏刑名」，頁362～364。

〔註134〕《太平御覽》，卷五百一十一，〈宗親〉，「繼母」，頁2329。

〔註135〕《宋書》，卷四十三，〈徐羨之傳〉，頁1330。

〔註136〕《魏書》，卷一百一十一，〈刑罰志〉，頁2886。

〔註137〕《九朝律考》，〈漢律考〉，「殺子孫」，頁109～110。

〔註138〕陳寅恪，《隋唐制度淵源略論稿》（台北：里仁書局，2000），「刑律」，頁94～95。

重了倫理考量。〔註139〕

唐律〈鬥訟〉「毆詈祖父母父母」：

> 若子孫違犯教令，而祖父母、父母毆殺者，徒一年半；以刃殺者，
> 徒二年。故殺者，各加一等。即嫡、繼、慈、養殺者，又加一等。
> 過失殺者，各勿論。〔註140〕

唐律傷殺子孫分為「違犯教令」和「故意」兩種情況，分別繼承秦漢確立的教令權之下，毆傷罪輕，和魏晉之後故殺子孫減殺常人罪的原則。其次，雖然名義皆稱父母，現實中有許多不同的親子狀況，嫡、繼、慈、養母依例雖同親母，〔註141〕畢竟與親生血緣不同，情分殊異，罪責皆較所生為重，各加一等。〔註142〕

其餘尊長殺卑幼的罪刑依關係遞減而加重，以尊殺卑，謀殺僅從故殺，謀殺未傷減故殺親屬本條二等，已傷減一等，已殺從故殺法，謀殺首從依「謀殺人」法處理。〔註143〕故殺期親卑幼流兩千里、毆殺徒三年，故殺大功以下卑幼絞。從父弟妹本屬大功親，兄弟之子、孫為小功、緦麻親，以關係親近之故，於本條均不處絞，改流三千里，〔註144〕若「有所規求」殺期親卑幼，處絞，〔註145〕以上均入十惡「不睦」。戲殺卑幼律無明文，依例減鬥殺罪二等，過失殺各無論。

〔註139〕 祝總斌，〈晉律考論〉，收入楊一凡總主編，《中國法制史考證》，甲編（歷代法制考），第三卷，〈兩漢魏晉南北朝法制考〉（高旭晨主編），頁404～414。

〔註140〕 《唐律疏議》，卷二十二，〈鬥訟〉，「毆詈祖父母父母」（總329），頁414。

〔註141〕 《唐律疏議》卷六，〈名例〉，「稱期親祖父母」（總52），頁136。

〔註142〕 除此之外，若嫡、繼、慈、養母殺子女之生母，除了嫡、繼、慈、庶相殺外，子女亦得提告。《唐律疏議》，卷二十三，〈鬥訟〉，「告祖父母父母」（總345），頁432～433。《唐律各論》，第七編第二章第三節，〈特別身份人之告及誣告〉，「鬥訟第四四條　告祖父母父母絞」，頁541～543。黃玫茵，〈唐代三父八母的法律地位〉，收入高明士主編，《唐代身分法治研究——以唐律名例律為中心》（台北：五南圖書，2003），頁89～117。

〔註143〕 《唐律疏議》，卷十七，〈賊盜〉，「謀殺期親尊長」（總253），頁327～328。

〔註144〕 《唐律疏議》，卷二十二，〈鬥訟〉，「毆兄姊等」（總328），頁413～414。「毆緦麻兄姊等」（總327），頁412。

〔註145〕 「有所規求」謂盜、姦、略、和誘之類。《唐律疏議》，卷二十，〈賊盜〉，「盜緦麻小功親財物」（總287）注，頁365。《唐律各論》，第六編第一章第二節，〈謀殺之罪〉，「賊盜第六條　謀殺期親尊長」，頁358～359。

表3　唐律尊長殺親屬卑幼處刑表

類型＼對象	親生子、孫	期親卑幼	緦麻以上卑幼
謀殺 故殺	殺訖從故殺法，徒二年半，其餘無論（總329）	謀殺：徒兩年半 已傷：徒三年 殺訖、故殺：流兩千里首、從依謀殺人法（總253、328）	謀殺：徒三年 已傷：流三千里 殺訖、故殺：絞（總253、327）
有所規求殺	同一般謀、故殺（總253）	謀殺：徒三年 已傷：流三千里 殺訖：絞（總253）	謀殺：徒三年 已傷：流三千里 殺訖：絞（總253）
毆殺	徒兩年（總329）	徒三年（總328）	從父弟妹、從父兄弟子、孫：流三千里 其餘：絞（總327）
違犯教令殺	用刃：徒兩年 毆殺：徒一年半 （總329）	✕	✕
誤殺	無論（總329）	鬥毆誤殺傍人：徒三年 僮仆致死：徒兩年 誤殺助己者：徒兩年，僮仆致死徒一年（總328、339）	鬥毆誤殺傍人：流三千里 僮仆致死：徒三年 誤殺助己者：徒兩年半，僮仆致死徒兩年（總327、339）
戲殺	無論（總329）	徒兩年（總328、338）	從父弟妹、從父兄弟子、孫：徒二年半 其餘：徒三年（總327、338）
過失殺	無論（總329）	無論（總328）	以贖論（總338）

　　成書於憲宗至武宗朝之間的《唐國史補》記載，文宗時，官員史牟於解縣榷鹽，有外甥十餘歲，於鹽哇拾鹽一顆歸，「牟知，立杖殺之」。〔註146〕史牟於貞元四年（788）以「賢良方正能直言極諫科」及第，〔註147〕十六年（800）奏置使治解縣池務事，〔註148〕文中所云當於此時。唐律舅甥爲緦麻親，依法史牟應流三千里，卻未見記錄，可能是因爲同居親屬有相隱的權利，所以並

〔註146〕（唐）李肇著，楊家駱主編，《唐國史補》（台北：世界書局，1959），卷中，「史牟」，頁7。
〔註147〕《唐會要》，卷七十六，〈貢舉中〉，「制科舉」，頁1644。
〔註148〕《舊唐書》，卷四十八，〈食貨志上〉，「安邑、解縣兩池」條，頁2109。

未受告受罰。另外，唐末頗知吏治，詳於獄事的成汭，史載「晚得妻父任之，譖害諸子，汭皆手殺之，至絕嗣」，〔註149〕成汭詳於律法，卻前後自殺數子以致絕嗣，亦未見受罰，可見本條律文的效力大概很有限。

三、夫、妻、妾與親屬相殺

　　唐律婚姻關係始於婚成，終於妻被出、和離或義絕，妾只有單方面被棄離一途。〔註150〕婚姻親屬係後天人為結合，與天生血緣不同，情感殊異，刑責有別，律文全部別條處理。婚姻是兩個家族的結合，為了保障雙方家族、顧及人情義理，夫、妻侵犯對方期親親屬、雙方期親相犯或妻欲害夫，除犯者需負擔本刑外，還強制夫妻義離，〔註151〕未依法解除婚姻關係須承受違律的處罰。〔註152〕

　　《唐律疏議‧鬥訟》「妻毆詈夫」：

> 諸妻毆夫，徒一年；若毆傷重者，加凡鬥傷三等；死者，斬。媵及妾犯者，各加一等。過失殺傷者，各減二等。即媵及妾詈夫者，杖八十。若妾犯妻者，與夫同。媵犯妻者，減妾一等。妾犯媵者，加凡人一等。殺者，各斬。〔註153〕

「加凡鬥傷三等」下注：「夫告乃坐」〔註154〕，與夫毆妻規定相同，律中有媵妾詈夫罪，無妻詈夫罪，體現了《禮》所謂的「夫妻齊體」之義。地位齊等之人相詈無罪，家內親屬相毆若非自訴申告亦不罪，是確保家內事務自主和家長的管理權。〔註155〕

　　《禮記》云：「天無二日，土無二王，家無二主，尊無二上」，〔註156〕夫

〔註149〕《新唐書》，卷一百九十，〈成汭傳〉，頁5848。另《北夢瑣言》有：「……又元子微過，皆手刃之，竟至無嗣」。（宋）孫光憲撰，賈二強點校，《北夢瑣言》（北京：中華書局，2002），卷四，「成令公為蛇繞身」，頁82。

〔註150〕劉燕儷，《唐律中的夫妻關係》（台北：五南圖書，2007），第三章，〈妻者齊也──唐代法律中的夫妻關係〉，頁195～197。

〔註151〕《唐律疏議》，卷十四，〈戶婚〉，「妻無七出而出之」（總189）疏議，頁267。

〔註152〕《唐律疏議》，卷十四，〈戶婚〉，「義絕離之」（總190），頁268。

〔註153〕《唐律疏議》，卷二十二，〈鬥訟〉，「妻毆詈夫」（總326），頁410～411。

〔註154〕白居易判文云：「禮貴妻柔，則宜禁暴；罪非夫告，未可麗刑」，亦點明須夫告乃坐。《白居易集箋校》，〈判文〉，「得甲居家被妻毆笞之鄰人告其違法縣斷徒三年妻訴云非夫告不罪」，頁3643。

〔註155〕《唐律疏議箋解》，卷二十二，〈鬥訟〉，「妻毆詈夫」，頁1551。

〔註156〕《禮記注疏及補正》，卷五十一，「坊記」，頁15。

妻二人爲期親，兩者相對，夫尊妻卑，服制與父子相等，妻的法律地位類同於子。〔註157〕妻殺夫比照殺期親尊長，謀殺皆斬，入十惡「惡逆」，過失殺也只減殺罪二等，徒三年，與夫過失殺妻無論不同。若妻妾與他人姦，姦人殺夫，妻妾雖不知情，仍與姦人同罪。〔註158〕

妻下爲媵，媵是古代妻家陪嫁的妾，地位比其他侍妾高，律文對媵的規定僅於相侵罪上有刑責差異，餘皆同妾，媵地位雖略高於妾，但兩者本質上並無不同。唐代媵的資料多見於政府文令，現實生活中可能幾乎沒有媵妾之分，律文行文以妾爲基準，媵地位比妾高，犯夫、犯妻均減妾犯一等，殺夫比照妻殺處理，對妻毆殺以上皆斬，餘殺依凡人。

妾稱夫爲君，妻爲女君，妻妾關係緣夫而生，夫對妾地位近似主人，妻與夫齊體，亦能享有相當的地位，妻殺媵、妾均依夫殺處理。服制中，妾對夫服斬衰三年，對妻服齊衰不杖期，家族內除了妾的親生子女外，其他人對妾均無服，換句話說，妾與夫的關係是個人而非家族群體的，她是一個沒有家中公共地位的家族成員。〔註159〕妾殺夫從殺期親尊長，入十惡「惡逆」，妾殺妻、殺媵，違反尊卑秩序，與媵殺妻同，毆殺以上皆斬。

表4　唐律妻、媵、妾殺夫及相殺處刑表

主體 ＼ 客體	夫	妻	媵	妾
妻	謀、故殺：依殺期親尊長，斬 毆殺：斬 過失殺：減殺罪二等（總326）	×	依夫殺妻（總325）	依夫殺妻（總325）

〔註157〕律文有：「其妻雖非卑幼，義與期親卑幼同」、「婦人以夫爲天，哀類父母」。《唐律疏議》，卷二十四，〈鬥訟〉，「告緦麻以上卑幼」（總347）問答，頁471。卷十，〈職制〉，「匿父母及夫喪」（總120）疏議，頁204。妻對夫刑責同子對父可參見李淑媛，〈唐代婦女之法律地位〉（台北：中國文化大學史學研究所碩士論文，1993），頁141。

〔註158〕《唐律疏議》，卷十七，〈賊盜〉，「謀殺期親尊長」（總253）注，頁327。沈之奇解釋：「蓋姦夫之殺，親夫之死，實因姦而起，故不得免於死罪而止科以姦罪也」。《大清律輯註》，卷十九，〈人命〉，「殺死姦夫」，頁664。

〔註159〕參見（日）滋賀秀三著，張建國、李力譯，《中國家族法原理》（北京：法律，2003），〈不正規的家庭成員〉，頁552～553。瞿同祖，《中國法律與中國社會》，第二章，〈婚姻〉，頁171～172。

媵	依妻殺法（總326）	至死：斬 過失殺：減殺罪三等（總326）	依凡人（總326）	依凡人（總326）
妾	依妻殺法（總326）	至死：斬 過失殺：減殺罪二等（總326）	斬（總326）	依凡人（總326）

　　男女成婚後，妻歸於夫家，與夫宗親屬關係因夫而生，只有對舅姑的服制與夫相等，其餘均減夫一層。妻殺夫宗尊長罪比夫輕，殺卑幼罪比夫重，於夫之父母、祖父母則與夫同，亦入「惡逆」。妻殺夫期親以下，總麻以上尊長各斬，過失殺減夫殺一等。〔註160〕對於夫宗卑幼，故殺、毆殺處絞，殺夫之弟妹根據《禮記》：「嫂叔不通問」的原則，〔註161〕比照凡人論斬。夫之媵、妾所生子，名義上均為妻之子，妻殺媵妾子加殺親子一等，以非所親生，情分不等之故；〔註162〕若殺夫之兄弟子各絞，毆殺流三千里。媵、妾殺害夫宗尊長皆與妻犯同罪，殺害卑幼因地位較妻為賤，各從凡人論，不得減刑。

　　唐律夫亡，夫妻關係尚未終止，妻、妾未改嫁前與夫宗仍有親屬關係；如果已經改適，關係僅限故夫父母與祖父母。謀殺故夫父母、祖父母加凡人一等，流二千里，已傷者絞，已殺者斬，〔註163〕過失殺傷依常人。〔註164〕如果是妻改醮帶入夫家之子，【疏】議云：「『毆傷妻前夫之子者』，謂改醮之婦，携子適人」，前夫子在新家中僅與繼父有親屬關係，繼父為子之總麻尊長，毆、故殺以上皆斬。〔註165〕

表5　唐律妻、媵、妾殺夫宗親屬、故夫親屬處刑表

客體 主體	夫宗尊長	夫之弟妹	嫡子	庶子	夫宗卑幼	故夫父母、故夫祖父母
妻	殺舅姑、夫祖父母依夫殺法，其餘減夫殺一等（總330、334）	依凡人（總332）	依殺子（總332）	加親母殺一等（總329）	故、毆殺：絞 其餘加夫殺一等（總334）	謀殺未傷加凡人一等，流二千里，餘殺依凡人（總331）

〔註160〕《唐律疏議》，卷二十三，〈鬬訟〉，「毆詈夫期親尊長」（總334），頁420～422。
〔註161〕《禮記注疏及補正》，卷二，〈曲禮上〉，頁10。
〔註162〕《唐律疏議》，卷二十二，〈鬬訟〉，「毆兄妻夫弟妹」（總332），頁417。
〔註163〕《唐律疏議》，卷十七，〈賊盜〉，「謀殺故夫祖父母」（總255），頁356。
〔註164〕《唐律疏議》，卷二十二，〈鬬訟〉，「妻妾毆詈故夫父母」（總331），頁416。
〔註165〕《唐律疏議》，卷二十三，〈鬬訟〉，「毆妻前夫子」（總333），頁419。

媵	依妻殺法（總330、334）	依凡人（總332）	依凡人（總332）	依凡人（總332）	依凡人（總334）	依妻殺法（總331）
妾	依妻殺法（總330、334）	依凡人（總332）	依凡人（總332）	依凡人（總332）	依凡人（總334）	依妻殺法（總331）

夫對妻妾的人身侵害，〈鬪訟〉「毆傷妻妾」：

> 諸毆傷妻者，減凡人二等；死者，以凡人論。毆妾折傷以上，減妻
> 二等。若妻毆傷殺妾，與夫毆傷殺妻同。過失殺者，各勿論。〔註166〕

【疏】議問答：

> 妻服雖是期親，不可同之卑幼，故諸條之內，每別稱夫。爲百代之
> 始，敦兩族之好，本犯非應義絕，或準期幼之親。〔註167〕

妻本爲夫之期親卑幼，但夫妻各代表其本家，兩族以義相成，地位相等，而且人命爲重，因此律文提高了夫殺妻的罪刑，重於殺害血緣卑幼。夫對妻爲尊對卑，妻、媵、妾均受夫教令，一般毆傷減傷凡人罪，殺害最重僅從故殺法。夫故殺、毆殺妻比照凡人，是加重夫的罪刑，妻爲緦麻以上親屬，殺害准例入十惡「不睦」，過失殺從殺卑幼，無論。然而，夫欲殺妻並不列入強制義離的範圍，也就是說，法律在殺害罪上強化了妻子的地位，但對夫妻二人於婚姻關係中的人身安全保護仍是不相等的，表現重夫輕妻，維護夫之婚姻主導權之意。

夫宗親屬侵犯妻妾，若是夫之祖父母、父母故殺子孫妻，流兩千里，毆殺徒三年，過失殺無論；其餘尊長及故夫父母故、毆殺子婦妾各絞。夫之卑幼犯妻與犯夫同刑，媵、妾子犯妻，依殺親母法；夫之弟妹殺兄妻妾依常刑。夫宗家族對妻本家親屬只有夫對妻之父母服緦麻三月，爲緦麻親，夫殺妻父母依殺緦麻尊長，其於親屬皆比照常刑。換句話說，除妻之父母外，夫於妻本宗無任何親屬關係。不過，夫若殺妻之期親尊長與外祖父母，於情不合繼續同居生活，律令與妻義絕。〔註168〕夫犯妻前夫子，分爲曾經同居、目前同居與未曾同居三種情況，若曾同居，父對繼子即有恩養之義，毆傷減凡人一等，殺害不得減罪，毆殺處絞，故殺處斬。父雖爲繼子之緦麻尊長，子卻不爲繼父之緦麻卑幼，兩者關係不相對，所以父殺繼子不入

〔註166〕《唐律疏議》，卷二十二，〈鬪訟〉，「毆傷妻妾」（總325），頁409～410。

〔註167〕《唐律疏議》，卷二十，〈賊盜〉，「略賣期親以下卑幼」（總294）問答，頁373。

〔註168〕見本章註151。

「不睦」。〔註169〕妾的地位在三者中最低，夫殺妾比殺妻再減二等，唯故殺妾者會赦猶除名，〔註170〕夫宗親屬殺妾則與殺妻同罪。

表6　唐律夫、夫宗親屬殺妻、媵、妾及女方親屬處刑表

主體＼客體	妻	媵	妾	女方親屬
夫	謀殺視爲故殺 故、毆殺：依凡人 過失殺：無論 （總325）	減殺妻一等 （總325）	減殺妻二等 （總325）	殺妻之父母：依殺緦麻親，餘親依凡人（總327） 媵、妾親屬：依凡人 妻前夫子：故殺斬，毆殺絞（總333）
夫之父母、祖父母	故殺：流兩千里 鬪殺：徒三年 過失殺：無論 （總330）	減殺妻一等 （總330）	減殺妻二等 （總330）	
其餘夫宗尊長	故、毆殺：絞 餘殺依凡人 （總334）	依殺妻 （總334）	依殺妻 （總334）	
嫡子	依殺母（總329）	依凡人 （總332）	依凡人 （總332）	
庶子	依殺母（總329）	依凡人 （總332）	依凡人 （總332）	不入五服親屬，依凡人
夫之弟妹	依凡人（總332）	依凡人 （總332）	依凡人 （總332）	
其餘夫宗卑幼	依殺夫（總334）	依凡人 （總332）	依凡人 （總332）	
故夫父母、故夫祖父母	故、鬪殺：絞 餘殺依凡人 過失殺：無論 （總331）	依殺妻 （總331）	依殺妻 （總331）	

關於夫、妻、妾的侵身罪，秦律〈法律答問〉有：「妻悍，夫毆治之，夬（決）其耳，若折支（肢）指、胅體，問夫可（何）論？當耐」（○七九）。

〔註169〕《唐律疏議》，卷二十三，〈鬪訟〉，「毆妻前夫子」（總333）疏議，頁419～420。
〔註170〕《唐律疏議》，卷二，〈名例〉，「除名」（總18）疏議，頁48。

〔註 171〕對照同文獻中「律曰：『鬪夬（決）人耳，耐』（○八○）、〔註 172〕「或鬪，嚙斷人鼻若耳若指若脣，論各可（何）論毆（也）？議皆當耐」（○八三）。〔註 173〕夫毆傷妻罪刑與毆凡人同，即使妻悍而毆，亦不得減，夫妻在人身侵犯罪上地位差距不大。同樣的情況到了漢初〈二年律令〉就變成「妻悍而夫毆笞之，非以兵刃也，雖傷之，毋（無）罪」（○三二）。〔註 174〕將夫毆妻的罪刑減低，只有以金屬兵刃故傷，才需負擔刑事責任；相反地，「妻毆夫，耐爲隸妾」（○三三），〔註 175〕妻只要有毆夫的舉動，無論傷否皆耐爲隸妾，刑罰頗重，擴大了夫妻相犯的刑責差距。至於夫妻相殺，不見漢律，若以兄弟相殺罪推之，可能亦處棄市刑。

曹魏時，桓範妻仲長氏有孕在身，因出言頂撞，遭桓範以刀鐶擊肚，傷胎死亡，未見刑罰。〔註 176〕南朝宋大明年間，沛郡相縣有民唐賜，於臨村飲酒後口吐蠱蟲十餘枚而亡，死前命妻張氏剖肚驗查，張氏剖屍遭訴，時官員引律：「傷死人四歲刑，妻傷夫五歲刑」，〔註 177〕按南朝宋刑制，五歲刑僅低於死刑一等，刑責深重。〔註 178〕本案張氏雖受夫囑令而爲，顧覬之仍以「法移路屍，猶爲不道，況在妻子，而忍行凡人所不行，不宜曲通小情，當以大理爲斷……」爲由依原刑處置。顧覬之認爲無論事由曲直，以卑犯尊皆應從重，判決須表現「尊卑大理」的教化意義，與唐律雖受期親尊長之意而殺仍不得減罪的精神相同，這種觀點很能代表傳統對於涉及尊卑案件的處理態度。〔註 179〕另外，《梁書》云：「（何點）父鑠，宜都太守，鑠素有風疾，無故害妻，坐法死」。〔註 180〕何鑠殺妻案發生時，何點年僅十一歲，時爲宋文帝元嘉中期，尚未進入南朝梁，鑠殺妻坐法死應爲宋律規定。在北方，北魏有民長孫慮，父因殺妻被判死刑，長孫慮以家中有小妹需父親照應爲由，

〔註 171〕《睡虎地秦墓竹簡》，〈法律答問〉，頁 115。
〔註 172〕《睡虎地秦墓竹簡》，〈法律答問〉，頁 115。
〔註 173〕《睡虎地秦墓竹簡》，〈法律答問〉，頁 115。
〔註 174〕《張家山漢墓竹簡【二四七號墓】》，〈賊律〉，頁 139。
〔註 175〕《張家山漢墓竹簡【二四七號墓】》，〈賊律〉，頁 139。
〔註 176〕《太平御覽》，卷五百二十，〈宗親〉，「夫妻」引魚豢《魏略》，頁 2366。
〔註 177〕《宋書》，卷八十一，〈顧覬之傳〉，頁 2080。
〔註 178〕《唐六典》，卷六，〈尚書刑部〉，頁 181。
〔註 179〕參見瞿同祖，《中國法律與中國社會》，第一章，〈家族〉，「親屬間的侵犯」，頁 49。
〔註 180〕（唐）姚思廉，《梁書》（北京：中華書局，1973），卷五十一，〈處士〉，「何點」，頁 732。

上請代父受罰，孝文帝深受感動，遂減死爲流，顯示北魏殺妻猶得償死。〔註181〕

　　妻對夫之祖父母、父母的人身侵犯，漢律比照夫犯，殺傷、毆詈都是棄市。〔註182〕西漢時，東海有孝婦早寡無子，養姑甚謹，姑憐婦勤苦孤寡，欲嫁婦，終不肯，姑遂自經死。姑女訴婦殺母，吏驗治，婦自誣服，具獄上府，太守論殺孝婦，可知漢時殺姑處死。〔註183〕東漢應劭的《風俗通義》有一婦摑姑案：何侍夫許遠毆打侍父何陽，何侍一怒之下，「上堂搏姑耳三下」，司徒鮑昱決事曰：「夫妻所以養姑者也，今遠自辱其父，非姑所使，君子之於凡庸，尚不遷怒，況所尊重乎？當減死論」。〔註184〕鮑昱以爲服侍舅姑是夫妻首要責任，何況許遠毆妻父並非受母指使，何侍由此遷怒毆姑，於禮、於理均不合減罪，遂以減死論，可見東漢婦毆姑的刑責較漢初爲輕，與子犯母有別，不處死刑。文中未載許遠毆岳父是否遭到處刑，若以唐律來看，婿毆岳父與毆凡人同罪，東漢可能也是如此，所以沒有另文記載。

　　《宋書‧孔季恭傳》有張江陵與妻吳氏罵母致死一案，文中引律曰：「謀殺夫之父母亦棄市」，妻謀殺夫之父母與夫同罪。當時判決會赦，尚書比部郎沈淵之以爲母子至親，張江陵有赦不免，但吳氏與江陵母「婦本以義愛，非天屬」，與親子有別，應免遭棄市之刑，最後詔依其議論處。〔註185〕綜上觀之，東漢以後婦犯舅姑的罪刑逐漸轉輕，法律開始區別夫、婦和夫之父母的關係。依禮而論，夫妻成婚後，兩人需共同擔負家庭責任，包括奉侍父母，撫育子女，婦以夫爲天，應侍夫之父母如所親生。然而，他人父母與親生父母情感畢竟不同，緣情入律，除了殺害舅姑嚴重違反倫常仍處極刑之外，東漢以後，婦毆、詈舅姑的刑罰都與親子不同，唐律更大幅減低兩罪的刑責，僅徒三年，須舅姑親告乃坐。〔註186〕明律毆詈夫父母、祖父母又改回與夫犯同刑，唯罵詈仍須舅姑親告。〔註187〕

〔註181〕《魏書》，卷八十六，〈孝感〉，「長孫慮」，頁1882。
〔註182〕律文：「婦賊傷、毆詈夫之泰父母、父母、主母、後母，皆棄市」（○四○）。
　　　　《張家山漢墓竹簡【二四七號墓】》，〈賊律〉，頁140。
〔註183〕《漢書》，卷七十一，〈于定國傳〉，頁3041～3042。
〔註184〕《風俗通義校注》，〈佚文〉，「折當」，頁588～589。
〔註185〕《宋書》，卷五十四，〈孔季恭傳附子淵之〉，頁1534。
〔註186〕《唐律疏議》，卷二十二，〈鬥訟〉，「妻妾毆詈夫父母」（總330），頁415。
〔註187〕雷夢麟對「親告乃坐」的解釋是：「親告乃坐，非親告勿論，猶從隱忍之私也」。
　　　　《讀律瑣言》，卷二十一，〈罵詈〉，「奴婢罵家長」，頁398。

唐代筆記小說關於夫、妻、妾相殺案例豐富，如下表列：

表7　唐代筆記小說夫、妻、妾相殺事例表

類　型	摘　要	處　刑	出　處
妻殺夫	教坊竿木候氏妻裴大娘與姦人趙解愁、友人王輔國等合謀殺夫，輔國密謂薛忠、王琰提示候氏，謀害未成。	趙解愁等皆決一百	《教坊記》
妻殺夫	〈楊褒〉：楊褒妻與姦夫合謀殺夫，爲犬咬傷而止，未果。	褒妻與姦人並處極刑	《太平廣記》四三七引《集異記》
妻殺夫	〈鸚鵡告事〉：長安富豪楊崇義妻劉氏與姦夫李弇謀殺夫訖，妄稱失蹤，爲鸚鵡告發。	劉氏、李弇依刑處死	《開元天寶遺事》一
妻殺夫	〈韓滉〉：韓滉在潤州，聞婦人哭，怪而訊之，果知婦與鄰人通，醉其夫而釘殺之。	伏罪，刑罰不明	《酉陽雜俎續集》四、《疑獄集》三
妻殺夫	〈蔣恆〉：貞觀中，衛州板橋店主張迪被殺，兇手嫁禍投宿者楊貞等人，御史蔣恆複推，以計得賊，賊自云因與張迪妻姦，故殺迪。	伏罪，刑罰不明	《朝野僉載》四、《太平廣記》一七一
妻殺妾	〈陸郎中余媚娘爭寵〉：陸希聲求娶名寡余媚娘，與媚娘相約不置側室與女奴。娶二年，希聲納舜英，媚娘許之。候希聲他適，媚娘手刃舜英，碎其肌體，盛盒送歸，經城門被發。	媚娘就極典	《綠窗新話》上、《類說》二九
妾殺夫	〈韋判官〉：博陵崔應妾金閨憤應喜新厭舊，與弟陳行宗置毒藥於酒，應飲之而卒，金閨持寶貨，盡室而去。	不知所蹤	《太平廣記》一二三
妾殺夫	襄陽後帥安審琦愛妾與人通，奸者殺審琦，子姪不知兇手，泣告亡靈，須臾，兇手自以手擒抓身體撲於靈前。	不明	《說郛》卷一六下引《丁晉公談錄》
夫殺妻	〈李景略〉：李景略寓居河東，李懷光招在幕府，時五原有偏將張光挾私殺妻，光富於財，貨獄吏，前後不能決，景略斷之，光妻魂膝行前謝而去。	光伏罪，刑罰不明	《舊唐書》一五二、《新唐書》一七〇〈李景略傳〉、《太平廣記》一七二引《譚賓錄》
夫殺妻	〈李全忠蘆生三節〉：光啓二年，節度使李全忠子匡威嗣，弟匡儔有妻張氏，匡威強淫之，匡儔俟妻回，殺之。	未得罪，匡威出，三軍立匡儔爲帥	《舊唐書》一八〇、《新唐書》一三七〈李全忠傳〉、《北夢瑣言》一三

夫殺妾	〈非煙傳〉：河南參軍武公業有妾步非煙，比鄰趙子以詩誘之，非煙乃踰垣相從，爲公業箠殺。	似未得罪	《太平廣記》四九一、《唐詩記事》七九
夫殺妾	〈竇凝妾〉：開元二十五年，扶風竇凝欲娶晉州刺史柳澳外孫女博陵崔氏，崔氏約遣妾後成禮，舊妾有孕，竇凝與之往宋州，夜宿車道口，妾產二女，凝乘其困羸斃之，與二女俱沉於水，紿妾事而娶崔氏。妾鬼十五餘年後復仇殺凝。	未得罪，遭鬼魂復仇死	《太平廣記》一三〇引《通幽記》
夫殺妾	〈晉陽人妾〉：唐牛肅舅之尉晉陽，縣有人殺其妾，妾將死言曰：「吾無罪，爲汝所殺，必報。」後數年，殺妾者爲虎所殺，人以爲虎爲妾也。	未得罪，爲虎所殺	《太平廣記》一二九引《紀聞》
夫殺妾	〈張公瑾妾〉：貞觀六年正月，魏郡馬嘉運至冥司，有婦人稱同郡張公瑾妾元氏，爲公瑾所殺，因天主救護公瑾，故常見抑，今乃得伸。嘉運還陽後聞公瑾亡。	未得罪，遭冥司追審而亡	《太平廣記》一二九引《冥報記》
備註	出處欄書名後國字數字表示卷數，下列事例各表出處欄亦同。		

　　茲就其中數例言之。崔令欽的《教坊記》記載一起妻謀殺夫未遂案：

> 筋斗裴承恩妹大娘善歌，兄以配竿木侯氏，又與長入趙解愁私通。侯氏有疾，因欲藥殺之。王輔國鄭銜山與解愁相知，又是侯鄉里，密謂薛忠王琰曰：「爲我語侯大兄，晚間有人送粥，愼莫喫。」及期，果有贈粥者，侯遂不食。其夜，裴大娘引解愁謀殺其夫，銜山願擎土袋。燈旣滅，銜山乃以土袋置侯身上，不壓口鼻，餘黨不之覺也。比明，侯氏不死，有司以聞，上令范安窮究其事，于是趙解愁等皆決一百。眾皆不知侯氏不掩口鼻而不死也，或言土袋綻裂故活。是以諸女戲相謂曰：「女伴，爾自今後縫壓壻土袋，當加意夾縫縫之，更勿令開綻也。」〔註188〕

本案犯人與被害者均屬教坊，唐代教坊始於武德年間，開元中最盛，與玄宗關係尤爲密切。教坊隸屬皇宮內廷，專司宴樂歌舞、百戲雜耍，文中「筋斗」、「竿木」皆爲戲名，「長入」即「長入宮奉」，指技藝超群，能經常隨侍皇帝左右的人。〔註189〕坊內最高長官爲教坊使，由中官擔任，掌行政管理之事，

〔註188〕（唐）崔令欽著，楊家駱主編《新校教坊記》（台北：世界書局，1959），頁7。
〔註189〕柏紅秀，《唐代宮廷音樂文藝研究》（南京：南京大學，2010），第二章第一節，

遇事直秉皇帝裁處。〔註190〕「范安」爲「范安及」之誤，范安及是中官，於玄宗朝擔任第一任教坊使，「上」爲唐玄宗。〔註191〕裴大娘和趙解愁私通，有夫之人犯和姦罪，依律男女雙方均徒二年，〔註192〕後兩人合謀殺死裴夫侯氏，所幸從犯鄭衛山等與侯氏有同鄉情誼，刻意袒護，謀殺未成。裴、趙二人均犯姦與謀殺兩罪，按「二罪俱發從重者論」的原則，姦罪爲輕，可不論。裴大娘因姦謀殺親夫，犯了唐律「謀殺期親尊長」，依律不分首從，無論已行未行皆斬，入十惡「惡逆」。若爲趙解愁起意，在受害者未有損傷的情況下，謀殺已行徒三年，若非趙解愁之議，最輕的從行加功也需徒兩年半。另外，鄭衛山等人雖然從行加功，以刻意維護侯氏導致殺害未成，罪刑應該比趙解愁更輕。然而本案最終只將趙解愁等人杖一百，完全未依律文規定，是皇帝個人權斷的結果。

五代時期王仁裕《開元天寶遺事》載「鸚鵡告事」事：

> 長安城中有豪民楊崇義者，家富數世，服玩之屬僭於王公。崇義妻劉氏有國色，與隣舍兒李弇私通，情甚於夫，遂有意欲害崇義。忽一日醉歸，寢於室中，劉氏與李弇同謀而害之，埋於枯井中。其時，僕妾輩並無所覺，惟有鸚鵡一隻在堂前架上。洎殺崇義之後，其妻卻令童僕四散尋覓其夫，遂經府陳詞，言其夫不歸，竊恐爲人所害。府縣官吏日夜捕賊。涉疑之人及童僕輩經拷捶者數百人，莫究其弊。後來縣官等再詣崇義家檢校，其架上鸚鵡忽然聲屈，縣官遂取於臂上，因問其故。鸚鵡曰：「殺家主者劉氏、李弇也。」官吏等遂執縛劉氏及捕李弇下獄，備招情欸。府尹具事案奏聞，明皇嘆訝久之。其劉氏、李弇依刑處死，封鸚鵡爲「綠衣使者」，付後宮養餧。張說後爲綠衣使者傳，好事者傳之。〔註193〕

案發時間爲玄宗開元時期，地點於長安城，長安城東半部爲萬年縣，西半部

〈宮廷樂人考略〉，「教坊樂人考」，頁49。第四章第四節，〈幻術與雜技〉，「竿技」、「筋斗」，頁168～170。

〔註190〕《舊唐書》，卷四十三，〈職官二〉，「內教坊」，頁1854。

〔註191〕詳見周蕙蓮，《教坊記研究》（台北：文京圖書，1993），頁44～45。柏紅秀，《唐代宮廷音樂文藝研究》，第五章第一節，〈唐代第一任教坊使考〉，頁172～180。

〔註192〕《唐律疏議》，卷二十六，〈雜律〉，「凡姦」（總410），頁493。

〔註193〕（五代）王仁裕撰，曾貽芬點校，《開元天寶遺事》（北京：中華書局，2006），卷上，〈開元〉，「鸚鵡告事」，頁17～18。

為長安縣，各設縣令一人，即案文中所謂的縣官，再由京兆尹總其事。〔註 194〕楊妻劉氏和鄰人私通，又與姦人謀殺親夫，依「謀殺期親尊長」應處斬刑，入「惡逆」，有赦不免；姦夫李弇依謀殺人從行加功，殺訖處絞，案末言「依刑處死」合於律文規定。劉氏起初假意丈夫失蹤，令童僕四處尋覓，並親自到府陳辭；縣官得告後立刻進行搜捕，甚至拷打奴僕數百人，展現出對於人口失蹤的重視。唐律家內人逃亡坐及尊長，楊家倘若無其餘男性尊長，家長即為劉氏，身負報案之責；〔註 195〕又若楊崇義失蹤是為他人所害，劉氏知情不告，亦需受罰。〔註 196〕

妻殺妾有唐末著名文人陸希聲家例：

> 余媚娘，才婦也。本良家子，適周氏，夫亡，時年十九，以介潔自守誓不再嫁。陸希聲時為正郎，聞其容美而善書，使媒游説之。媚娘曰：「陸郎中若欲侍巾櫛，當須立誓。不置側室及女奴，則可為陸家新婦。」陸諾之。既娶二年，劈牋洙墨，更唱迭和，動盈卷軸。媚娘又能饌五色膾，妙不可及。無何，陸又獲名妓柳舜英者，姿色姝麗，逾於媚娘。媚娘怨之，諭令入宇同處。陸以為誠然。既共居，媚娘略無他説，候陸他出，即召舜英，閉私室中，手刃殺之，碎其肌體，盛以二大盒，封題云：「送物歸別墅」出城門，闇吏異而察之，送京兆尹，媚娘遂就極典。〔註 197〕

余媚娘是當時有名的才女，不僅介潔能詩，還能調製五色膾，聲名遠播。〔註 198〕

〔註 194〕《舊唐書》，卷三十八，〈地理一〉，「關內道」，頁 1394。

〔註 195〕唐律規定家內人口逃亡家長知情，只坐家長，不由家長，罪其所由，詳見《唐律疏議》，卷二十八，〈捕亡〉，「丁夫雜匠亡」（總 461），頁 534～535。卷十二，〈戶婚〉，「脫漏戶口增減年狀」（總 150），頁 231。卷五，〈名例〉，「共犯罪造意為首」（總 42），頁 115～116。《唐律各論》，第三編第一章第一節，〈戶口之犯罪〉，「戶婚第一條　脫戶」，頁 176。第十編第二章，〈逃亡之犯罪〉，「捕亡第十一條　丁夫雜匠亡」，頁 743～744。《唐律通論》，第二編第十二章之二，〈造意與隨從〉，「家人之共犯」，頁 381。

〔註 196〕《唐律疏議》，卷二十四，〈鬥訟〉，「強盜殺人不告主司」（總 360），頁 449。卷十七，〈賊盜〉，「親屬為人殺私和」（總 260），頁 333～334。

〔註 197〕（宋）皇都風月主人編，周楞伽箋注，《綠窗新話》（上海：上海古籍，1991），上卷，「陸郎中余媚娘爭寵」，頁 128。（宋）曾慥編纂，王汝壽等校注，《類說》（福州：福建人民，1996），卷二十九，〈麗情記〉，「余媚娘」，頁 867。

〔註 198〕南宋孫奕《示兒編》載：「余媚娘以介潔能詩而得名」。陶宗儀《輟耕錄》：「《余媚娘叙錄》：陸希聲娶余媚娘，媚娘約媒曰：陸郎中若必得兒侍巾櫛，須立誓不置側室及女奴」。徐應秋《玉芝堂談薈》：「余媚娘工于味者也」。參見（宋）

《類說》曰：「陸希聲納舜英」，舜英爲侍妾，與余媚娘爲妻妾關係，法律上妻殺妾與夫殺妻一樣，殺訖比照凡人。余媚娘殺舜英，然後碎其肢體，不但犯了殺人罪，還涉及「殘害死屍」罪，《唐律疏議‧賊盜》「殘害死屍」：

> 諸殘害死屍，及棄屍水中者，各減鬭殺罪一等；棄而不失及髡髮若傷者，又各減一等。即子孫於祖父母、父母，部曲、奴婢於主者，各不減。

【疏】議：

> 「殘害死屍」謂支解形骸，割絕骨體，及焚燒之類；及棄屍水中者：
> 「各減鬭殺罪一等」，謂合死者，死上減一等；應流者，流上減一等之類。〔註199〕

殘害屍體背離人道和死者爲大的精神，罪刑僅減鬭殺一等，合科流三千里，亦屬重罪。不過在本案中，此罪的刑罰已被殺人罪的死刑吸收，文言：「媚娘遂就極典」合於律法規定。

夫宗親屬殺妻例，唐敬宗寶曆三年（827），京兆有姑鞭婦致死，京兆府本判姑合償死，刑部尚書柳公綽議曰：「尊毆卑非鬭，且其子在，以妻而戮其母，非教也」。〔註200〕柳公綽指出：尊長鞭打卑幼不是律文所謂的「鬭」，尊長具有教令權，毆打是教令的方式之一，表現這類罪刑的社會觀感與判決上的模糊空間。唐律舅姑鬭殺子婦徒三年，故殺也不過流兩千里，本案京兆府初判卻合償死，不知原因爲何。按傳文所載，最後判決依柳公綽之意，《新唐書》與《唐會要》書：「遂減」，〔註201〕《舊唐書》曰：「竟減死」，從初判結果和文意推測，當時姑殺婦實際判刑可能不全如律法規定之輕。

殺害妾室事例更多，比如《太平廣記》引陳邵《通幽記》有「竇凝妾」事：

> 唐開元二十五年，晉州刺史柳渙外孫女博陵崔氏，家于汴州。有扶

孫奕，《示兒編》，收入《景印文淵閣四庫全書》，第八百六十四冊，卷十七，〈雜記〉，「託名」，頁 538。（元）陶宗儀，《輟耕錄》，收入《宋元筆記小說大觀》（上海：上海古籍，2007），第六冊，卷十四，「婦女曰娘」條，頁 6317。（明）徐應秋，《玉芝堂談薈》，收入《景印文淵閣四庫全書》，第八百八十三冊，卷四，「飲食之侈」，頁 79。

〔註199〕《唐律疏議》，卷一十八，〈賊盜〉，「殘害死屍」（總266），頁 343。

〔註200〕《舊唐書》，卷一百六十五，〈柳公綽傳〉，頁 4304。

〔註201〕《新唐書》，卷一百六十三，〈柳公綽傳〉，頁 5022。《唐會要》，卷三十九，〈定格令〉，「議刑輕重」，頁 832。

風實凝者，將聘焉，行媒備禮，而凝舊妾有孕，崔氏約遣妾後成禮，凝許之，遂與妾俱之宋州，揚於下至車道口宿，妾是夕産二女，凝因其困羸斃之，實沙於腹，與女俱沈之。既而還汴，紿崔氏曰：「妾已遣去」遂擇日結親。……五月十六日午時，人皆休息，忽聞扣門甚急，凝心動，出候之，乃是所殺妾。盛粧飾，前拜凝曰：「別久安否？」凝大怖，疾走入内隱匿，其鬼隨踵至庭，見崔氏，崔氏驚問之，乃斂容自叙曰：「某是實十五郎妾，凝欲娶娘子時，殺妾於車道口，并二女同命，但妾無負凝，而凝枉殺妾，凝欲娶妻，某自屏迹，奈何忍害某性命，以至於此。妾以賤品，十五餘年，訴諸嶽瀆，怨氣上達，聞于帝庭。上帝降鑒，許妾復讐，今來取凝……如是每日輒至，則啗嚼支體，其鬼或奇形異貌，變態非常。舉家危懼，而計無從出。并搏二女，不堪其苦。……數年二女皆卒，凝中鬼毒，發狂，自食支體，入水火，啗糞穢，肌膚焦爛，數年方死。崔氏於東京出家，眾共知之。〔註202〕

唐代士人婚前娶妾成家，結婚去之的情況所在多有，〔註203〕實凝爲了與高門結親，狠心殺害甫生産完的妾和新生二女，按夫殺妾律，謀殺以故殺論，減殺凡人二等，應徒三年，故殺子徒兩年半。實凝殺妾沒有受到法律制裁，還順利娶得高門崔氏爲婦，妾魂訴於諸神才得以復讐。家内暴力事件外人通常不易察知，也不方便過問，法律對於家内親屬、奴婢又有同居相隱的權利和告罪違律的規定，所以家人往往不會向官府舉發。再者，妾多出身社經地位比較低落的家庭，本家能提供的保護有限，這也是她們容易遭到迫害的原因。唐代另一部著名作品《非烟傳》，内容描述武公業有妾步非烟，因與鄰人私通，被武公業打殺至死的情事，同樣展現了妾的困境。

另外，曾於代宗廣德時期擔任黃門侍郎的嚴武，兒時亦有殺父妾事：

武后朝，嚴安之、挺之昆弟也。安之爲長安兵曹，權過京兆，至今爲寮者賴安之術焉。挺之則登歷臺省，亦有時名。挺之薄妻而愛其子。嚴武年八歲，詢其母曰：「大人常厚玄英。未嘗慰省我母，何至于斯？」母曰：「吾與汝子母也，以汝尚幼，未知之也。汝父

〔註202〕《太平廣記》，卷一百三十，〈報應二十九〉，引陳邵《通幽記》「實凝妾」，頁919～920。

〔註203〕姚平，《唐代婦女的生命歷程》（上海：上海古籍，2004），第五章，〈夫婦關係以外的兩性契約關係〉，頁148。

薄行，嫌吾寢陋，枕席數宵，遂即懷汝。自後相棄，爲汝父離婦焉。」其母悽咽，武亦憤惋。候父出，玄英方睡，武持小鐵鎚擊碎其首。及挺之歸，驚愕，視之，已斃矣。左右曰：「小郎君戲運鎚而致之。」挺之呼武曰：「汝何戲之甚？」武曰：「焉有大朝人士，厚其侍妾，困辱兒之母乎？故須擊殺，非戲也。」父曰：「眞嚴挺之子。」〔註204〕

嚴挺之爲神龍元年（705）進士，中宗至玄宗朝間歷任宰相、刑部侍郎等職，甚有才幹，《舊唐書》稱他：「所歷皆嚴整，吏不敢犯，及蒞大郡，人乃重足側息」，〔註205〕爲嚴守禮法、熟知律令之人。玄英是嚴挺之的侍妾，嚴武忿於父親寵愛美妾，疏遠親母，候玄英不備，以鎚擊殺。左右以嚴武年幼，視爲小兒遊戲，無心殺人，嚴武卻坦承是蓄意謀殺父妾。唐律嫡子傷妾，妾緣父身份之尊，刑責加殺凡人一等，致死與凡人同罪。〔註206〕嚴武犯案時年僅八歲，適用老小免刑規定，律曰：「八十以上、十歲以下及篤疾，犯反、逆、殺人應死者，上請」。〔註207〕子殺父妾，謀殺殺訖處斬，本案犯者年幼，依律要上請裁處，然而法律允許同居相隱，嚴武殺父妾未遭舉發是很有可能的事情，但是嚴挺之讚許兒子殺妾的行爲，同樣反映出妾在家中身份地位的卑下。

第四節　殺害賤民

唐代賤民分爲官賤和私賤，再各分爲數層。官賤爲政府服役，太常音聲人、樂戶、雜戶、工戶擁有專業技藝，地位較高，其次爲官戶，官奴婢最低。私賤爲民間私家役使，上層爲隨身、部曲與客女，〔註208〕法律地位與官戶相同，部曲可娶良民爲妻，但妻婚嫁後地位下降，同於部曲；下層爲奴婢，地位等於官奴婢。學者以爲賤民在刑法上的性質爲半人半物，當犯罪主體時具有責任能力，作爲犯罪客體除樂戶、工戶等上層官賤之外，通常被視爲物。

〔註204〕（宋）王讜撰，周勛初校證，《唐語林校證》（北京：中華書局，1987），卷四，頁 329。
〔註205〕《舊唐書》，卷九十九，〈嚴挺之傳〉，頁 3105～3106。
〔註206〕《唐律疏議》，卷二十二，〈鬥訟〉，「毆兄妻夫弟妹」（總332）注，頁 417。
〔註207〕《唐律疏議》，卷四，〈名例〉，「老小及疾有犯」（總30），頁 82。
〔註208〕「隨身」是有時限的雇傭人，法律地位與部曲、客女相等。《唐律疏議箋解》，卷二十五，〈詐僞〉，「妄認良人爲奴婢部曲」，頁 1733。

〔註209〕唐律有言：「良人之與奴婢，種類自殊」，〔註210〕良賤身份不同，種類殊異，良人毆傷殺賤民，減傷殺凡人罪，反之則加重計罪；若兩造有主從關係，罪責差異更大。良賤差異僅適用於侵身罪上，侵犯財物無身份高低之別，法律對賤民的財產保障和良民是相同的。

一、有主從關係

　　唐律主奴規定承襲秦漢，秦代稱男奴爲臣，女奴爲妾，奴婢不入戶籍，沒有法律提訴權，被視爲主人的畜產，奴婢子孫亦然。〔註211〕秦簡〈法律答問〉有：「人奴擅殺子，城旦黥之，畀主」（○七三）、〔註212〕「人奴妾治（笞）子，子以辜死，黥顏頯，畀主」（○七四）。〔註213〕私家奴婢違法擅殺子，政府處刑後將奴婢交還原主，表示對主人所有權的尊重。〔註214〕〈封診式〉有兩筆奴婢驕悍不順，主人要求官府刑罰的例子，按例文所述，主人黥、劓、斬殺奴婢必須先呈報地方官，由政府執行，欲殺不順的奴僕須透過「謁殺」程序，同樣由政府行刑，主人皆不得任意施加刑罰，是對賤隸生命和身體完整性給予一定程度的保障。〔註215〕但是與前述父殺子情況相同，主人傷、殺奴婢屬於「非公室告」罪，政府不因此接受奴婢賤民自訴告主的請求。

〔註209〕《唐律通論》，第一編第三章第四節之二，〈賤人刑法上之性質及其特例〉，頁75～78。

〔註210〕《唐律疏議》，卷二十六，〈雜律〉，「錯認良人爲奴婢部曲」（總401）疏議，頁486。

〔註211〕曹旅寧，〈秦律所見奴婢法雜考〉，收入氏著，《秦律新探》，頁95～96。

〔註212〕《睡虎地秦墓竹簡》，〈法律答問〉，頁113。

〔註213〕《睡虎地秦墓竹簡》，〈法律答問〉，頁113。

〔註214〕曹旅寧，〈秦律所見奴婢法雜考〉，收入氏著，《秦律新探》，頁99。于豪亮，〈秦簡中的奴隸〉，收入中華書局編輯部，《雲夢秦簡研究》（北京：中華書局，1981），頁138。高恒，〈秦簡中的私人奴婢問題〉，收入中華書局編輯部，《雲夢秦簡研究》，頁143。

〔註215〕原文如下：「告臣　爰書：「某士五（伍）甲縛詣男子丙，告曰：『丙，甲臣，橋（驕）悍，不田作，不聽甲令。謁買（賣）公，斬以爲城旦，受賈（價）錢。』訊丙，辭曰：『甲臣，誠悍，不聽甲。甲未賞（償）身免丙。丙毋（無）病毆（也），毋（無）它罪。』令令史某診丙，不病。令少內某、佐某以市正賈（價）賈丙丞某前，丙中人，賈（價）若干錢……」（○四○～○四四）。黥妾　爰書：「某里公士甲縛詣大女子丙，告曰：『某里五大夫乙家吏。丙，乙妾毆（也）。乙使甲曰：丙悍，謁黥劓丙』訊丙，辭曰：『乙妾毆（也），毋（無）它坐』丞某告某鄉主：某里五大夫乙家吏甲詣乙妾丙……」（○四五～○四八）。《睡虎地秦墓竹簡》，〈治獄程式〉，頁153～154。

　　張家山漢簡〈賊律〉有：「□母妻子者，棄市。其悍主而謁殺之，亦棄市；謁斬若刑，爲斬，刑之」（○四四）。〔註216〕斬，斬左趾或右趾的省稱。漢律「謁殺」奴婢沿襲秦律，東漢服虔注《漢書》云：「古殺奴婢，皆當告官」，〔註217〕即謂「謁殺」由來多時。漢武帝時，繆王劉元薨，大鴻臚奏繆王生前賊殺奴婢，病時脅迫樂奴從死，請求削去封國獲准。〔註218〕漢宣帝地節三年（西元前67年），京兆尹趙廣漢打擊豪族，得罪權勢，引發官員攻擊，導火線正是查辦丞相夫人私殺奴婢罪。〔註219〕又《東觀漢記》載：「首鄉侯段普曾孫勝，坐殺婢，國除」，〔註220〕首鄉侯段勝以襲侯之尊坐殺奴婢罪，遭除封國。綜上可知，漢代私家自殺奴婢確實構成犯罪，主無專殺奴婢的權力。〔註221〕

　　唐律將賤隸比同主人的牲畜財產，【疏】議云：「奴婢賤人，律比畜產」、〔註222〕「餘條不別言奴婢者，與畜產、財物同」。〔註223〕奴婢身爲家中一員，雖然地位低下與家人不同，但仍有「主被殺應告」、〔註224〕「有事相隱」〔註225〕與「有罪連坐」〔註226〕的義務。秦漢律文經常將奴婢與主以及子與

〔註216〕《張家山漢墓竹簡【二四七號墓】》，〈賊律〉，頁140。
〔註217〕《漢書》，卷三十三，〈田儋傳〉，頁1847。
〔註218〕《漢書》，卷五十三，〈景十三王傳〉，「趙敬肅王」，頁2421～2422。東漢應劭注「大鴻臚」曰：「皇帝延諸侯王、賓王諸侯，皆屬大鴻臚，故其薨，奏其行迹，賜與諡及哀策誄文也」。《漢書》，卷五，〈景帝本紀〉，「中二年春二月」條，頁145。
〔註219〕《漢書》，卷七十六，〈趙廣漢傳〉，頁3205。
〔註220〕《東觀漢記校注》，卷十九，〈傳十四〉，「段普」，頁881。
〔註221〕晉張斐〈律表〉亦云：「奴婢捍主，主得謁殺之」。《晉書》，卷三十，〈刑法志〉，引張斐律表，頁930。
〔註222〕《唐律疏議》，卷六，〈名例〉，「官戶部曲官私奴婢有犯」（總47），頁132。
〔註223〕《唐律疏議》，卷二十，〈賊盜〉，「以私財奴婢貿易官物」（總290）注，頁367。另可參見《唐律疏議》，卷四，〈名例〉，「以贓入罪」（總33）疏議：「謂本贓是驢，迴易得馬之類。及生產蕃息者，謂婢產子，馬生駒之類」，頁88～89。卷十四，〈戶婚〉，「雜戶官戶與良人爲婚」（總192）疏議：「奴婢既同資財，即合由主處分」，頁270。
〔註224〕《唐律疏議》，卷十七，〈賊盜〉，「親屬爲人殺私和」（總260）疏議問答：「奴婢、部曲，身繫於主。主被人殺，侵害極深。其有受財私和，知殺不告，金科雖無節制，亦須比附論刑。豈爲在律無條，遂使獨爲僥倖。然奴婢、部曲，法爲主隱，其有私和不告，得罪並同子孫」，頁334。
〔註225〕《唐律疏議》，卷六，〈名例〉，「同居相爲隱」（總46），頁130。
〔註226〕主人犯罪，賤隸須連坐；賤隸犯罪，主人不需連坐。參見《唐律疏議》，卷十七，〈賊盜〉，「謀反大逆」（總248）：「諸謀反及大逆者，皆斬；父子年十六

父母相提並論，顯示主奴和父子在家內秩序中，上下相對關係是一致的，唐律亦然，只是賤民身份低於常人，殺奴再減殺子一等。〔註 227〕

　　私賤依賴主家，沒有獨立的戶籍，嚴格來說不算國家基本成員，政府沒有直接支配的權力。相反地，主人對奴婢，包含奴婢子孫，享有絕對處置權，諸如嫁娶、放良、贈與、買賣，都由主人決定，〔註 228〕若犯徒、流，改行加杖，免居作；同主部曲奴婢相殺，主求免死也可聽減，〔註 229〕充分表現對主人所有權的保障。

　　雖然律文將奴比為畜產，人與牲物畢竟有別，秦漢以後原則上個人沒有剝奪他人生命的權力，故【疏】議云：「奴婢賤隸，雖各有主，至於殺戮，宜有稟承」，〔註 230〕其意與秦漢謁殺制度相同，都是強調主人不得擅殺。唐律殺奴罪按《唐律疏議‧鬥訟》「主殺有罪奴婢」、「主毆部曲死」：

　　　　諸奴婢有罪，其主不請官司而殺者，杖一百。無罪而殺者，徒一年。

〔註 231〕

以上皆絞，十五以下及母女、妻妾、祖孫、兄弟、姊妹若部曲、資財、田宅並沒官」。疏議：「部曲不同資財，故特言之。部曲妻及客女，並與部曲同。奴婢同資財，故不別言」，頁 321～322。卷二十四，〈鬥訟〉，「部曲奴婢告主」（總 349）疏議：「奴婢獲罪，主得免科」，頁 438。

〔註 227〕如：《睡虎地秦墓竹簡》，〈法律答問〉：「主擅殺、刑、髡其子、臣妾是謂非公室告，勿聽」（一〇四），頁 120。《張家山漢墓竹簡【二四七號墓】》，〈賊律〉：「父母毆笞子及奴婢，子及奴婢以毆笞辜死，令贖死」（〇三九），頁 139。〈賊律〉：「子賊殺傷父母，奴婢賊殺傷主、主父母妻子，皆梟其首市」（〇三四），頁 139。

〔註 228〕唐律規定和同相賣部曲是違法的行為，但令文有轉事量酬衣食之值的規定，似乎又與買賣相似。參見《唐律疏議》，卷二十，〈賊盜〉，「略人略賣人」（總292），頁 370。《唐令拾遺》，第九，〈戶令〉，「轉易部曲事人」，頁 171～172。

〔註 229〕律文如下：「諸官戶、部曲、官私奴婢有犯，本條無正文者，各准良人。若犯流、徒者，加杖，免居作。應徵正贓及贖無財者，准銅二斤各加杖十，決訖，付官、主：若老小及廢疾，不合加杖，無財者放免。及同主奴婢自相殺，主求免者，聽減死一等」。《唐律疏議》，卷六，〈名例〉，「官戶部曲私奴婢有犯」（總 47），頁 131～132。

〔註 230〕《唐律疏議》，卷二十二，〈鬥訟〉，「主殺有罪奴婢」（總 321）疏議，頁 406。瞿同祖云：「關於殺死奴婢，一因人命為貴，人賤命不賤，不可以隨意殺死，且生殺予奪係國家主權，自從被主權宣告收回以後，任人都得妄自殺人，對子孫，對奴婢俱如此。所以除過失殺死奴婢外，擅殺奴婢不問伊等有罪無罪，都有刑事上的責任」。見瞿同祖，《中國法律與中國社會》，第四章，〈階級〉，頁 294。

〔註 231〕《唐律疏議》，卷二十二，〈鬥訟〉，「主殺有罪奴婢」（總 321），頁 406。

　　諸主毆部曲至死者，徒一年。故殺者，加一等，其有愆犯，決罰致

　　死及過失殺者，各勿論。〔註232〕

律對「主」的定義是「同籍良口以上，合有財分者」，〔註233〕非同戶之內，主之期親、外祖父母亦合用此律。〔註234〕同戶之內媵、妾並非奴主，然毆部曲奴婢仍可從減，至死則各依凡人法，只有妾子爲家主時，依母不降於兒例，妾亦同主減刑。〔註235〕主奴地位比爲父子，奴爲賤民，再減子孫一等，故殺部曲徒一年半，毆殺徒一年，戲殺、誤殺依戲、誤殺法減罪，過失殺無論，殺害奴婢各減殺部曲一等。然而，這些刑罰都是在奴婢無錯無罪，主人故意殺害的前提下，若部曲奴婢有錯，懲罰更輕，甚至無刑。主人親屬殺部曲奴婢，依關係遠近減殺凡人賤隸罪，大功以上得減毆殺傷凡人部曲三等，小功、緦麻親減二等，傷殺奴婢再各減一等，過失殺均不論，罪刑介於他人與主之間。〔註236〕

　　主奴身份指事發當時關係而論，已轉賣他人或自己理訴得脫者，與舊主即無主從關係；若經主放良或自贖得脫者，與舊主仍有恩義之情，主傷殺合得減例。殺舊部曲減殺凡人二等，奴婢減凡人四等，此條減罪對象僅止於主，不含主之親屬。〔註237〕部曲奴婢經由自贖或是主人主動放良，雖然脫離主家成爲良民，因曾受恩義之故，法律地位仍低於原主，關係永遠不同於常人。

表 8　唐律主殺無罪部曲、奴婢處刑表

主體＼客體	部曲、客女	奴　婢
主	故殺：徒一年半 毆殺：徒一年 過失殺：無論（總 322）	故殺：徒一年 毆殺：杖一百 過失殺：無論（總 320、322）

〔註232〕《唐律疏議》，卷二十二，〈鬬訟〉，「主毆部曲死」（總 322），頁 406。

〔註233〕《唐律疏議》，卷十七，〈賊盜〉，「部曲奴婢殺主」（總 254）疏議，頁 328。

〔註234〕戴炎輝、劉俊文認爲此條雖未列明「主之期親」，但當同「部曲奴婢謀殺主」條的規定。《唐律各論》，第六編第一章第二節，〈謀殺之罪〉，「賊盜第七條　部曲奴婢謀殺主」，頁 360。《唐律疏議箋解》，卷十七，〈賊盜〉，「部曲奴婢謀殺主」，頁 1270。

〔註235〕《唐律疏議》，卷二十二，〈鬬訟〉，「主毆部曲死」疏議問答，頁 439。

〔註236〕《唐律疏議》，卷二十二，〈鬬訟〉，「毆緦麻小功部曲奴婢」（總 324），頁 409。

〔註237〕《唐律疏議》，卷十七，〈賊盜〉，「謀殺故夫祖父母」（總 255），頁 328～329。卷二十三，〈鬬訟〉，「部曲奴婢詈毆舊主」（總 337），頁 424～425。

主之期親、外祖父母	同主殺（總321）	同主殺（總320、321）
主之大功親	減殺凡人部曲三等 故殺：徒二年半 毆殺：徒二年 過失殺：無論（總324）	減殺凡人奴婢三等 故殺：徒二年 毆殺：徒一年半 過失殺：無論（總320、324）
主之小功親	減殺凡人部曲二等 故殺：徒三年 毆殺：徒二年半 過失殺：無論（總324）	減殺凡人奴婢二等 故殺：徒二年半 毆殺：徒二年 過失殺：無論（總320、324）
主之緦麻親	同小功親殺（總324）	同小功親殺（總320、324）
舊主	減殺凡人二等 故殺：徒三年 毆殺：徒二年半 過失殺：無論（總337）	減殺凡人四等 故殺：徒兩年 毆殺：徒一年半 過失殺：無論（總337）

唐律「部曲奴婢告主」：「諸部曲奴婢告主，非謀反、逆、叛者皆絞」。〔註238〕根據卑幼不得告尊長的原則，主奴雖無血緣關係，仍為家內尊長卑幼，卑幼告尊長是以下凌上，法律不容，與秦律「非公室告」罪一樣，都在維護家內倫理秩序以及保障家長管教權。奴婢賤隸既同畜產，受主人教令為當然之事，訓令致死，處罰極輕，律文曰：「其有愆犯，決罰致死及過失殺者，各勿論」。即使主人故意傷殺，賤隸自身無提告權，外人又難以覺察，法律對於奴婢人身安全的保障效力十分有限。反過來說，奴殺主處刑極為嚴刻，不分部曲奴婢，戲殺主以上皆斬，即使無心過失亦處絞刑。〔註239〕

東漢初年，皇帝下詔：「天地之性人為貴，其殺奴婢，不得減罪」，〔註240〕同年末又詔「炙灼奴婢論如律」。西漢已列殺婢罪名，東漢光武帝又屢次下詔保護奴婢，正反映律法成效不彰的問題，唐代情況可能也是如此。《舊唐書》載德宗時房琯子孺復因妻之保母屢言其畜婢僕事，「乃先具棺櫬而集家人生斂保母」，未見受罰。其妻崔氏「一夕杖殺孺復侍兒二人，埋之雪中」，被觀察使奏發，也僅貶為連州司馬，令與崔氏離異而已。〔註241〕軍將張直方，因

〔註238〕《唐律疏議》，卷二十四，〈鬪訟〉，「部曲奴婢告主」（總349），頁438。
〔註239〕《唐律疏議》，卷二十二，〈鬪訟〉，「部曲奴婢過失殺傷主」（總323），頁407～409。
〔註240〕《後漢書》，卷一下，〈光武帝本紀一下〉，「十一年春二月」，頁57。
〔註241〕《舊唐書》，卷一百一十一，〈房琯傳附子孺復〉，頁3325。

「奴婢細過輒殺，積其罪，貶思州司户參軍」，〔註242〕其屢次殺奴積罪，同樣只以貶官論處。這類案件中受刑最重的是著名女詩人魚玄機案，魚玄機因妒憤笞殺綠翹，判處死刑，據載當時曾有不少文人爲之請命，最後卻仍不得免死，然而本案處刑之重可能是因爲魚玄機與綠翹並非主奴，而是師徒，〔註243〕其餘主殺婢事例則鮮有明確受罰記錄。

唐代筆記小說關於私自刑殺奴婢的例子不少，摘列如下：

表9 唐代筆記小說主殺奴事例表

摘 要	處 刑	出 處
〈霍小玉傳〉：大曆中，隴西李益進士擢第，與娼女霍小玉相戀，後李益背約，另娶盧氏爲妻，小玉冤憤病亡，誓言使益家不安。此後益常疑心妻妾，稍有疑惡，便加箠處，家中侍婢亦然，或有因而殺之者。	似未得罪	《太平廣記》四八七
貞觀中，濮陽范略妻任氏，以刀截幸婢耳鼻。	未得罪，生女無耳鼻	《朝野僉載》二
驍衛將軍梁仁裕，妻李氏妒虐，縛裕幸婢，擊其腦，婢死。	未得罪，遭鬼魂報復而亡	《朝野僉載》二
張景先寵婢，妻楊氏妬之。景先出使不在，妻殺婢，投之於廁。婢訴於冥司，夏榮判事，婦首其事，月餘而卒。	未得罪，婢訴於冥司，遭鬼魂報復而亡	《朝野僉載》二
嶺南風俗，多爲毒藥，令奴食冶葛死，埋之土堆，上生毒菌而取之。	未得罪	《朝野僉載》一
〈李明府〉：唐火井縣令李明府，館于押司錄事私第。主人將設酒饌，其夜，李明府夢一素衣婦人，將二子，拜明府乞命，曰：「某前身即押司錄事妻，有女僕方妊，因笞殺之，給夫女僕盜金釵，拷訊致斃，今還冤債」。	未得罪	《太平廣記》一三四引《報應錄》
周寶一目失，勑賜木睛以代之，晨起漱，木睛墜水，侍姬竊笑，寶怒，遂殺之。	未得罪	《吳越備史》一
〈僧齊之〉：寺中小僧何馬師與青衣通，青衣後有異志，馬師怨之，因搆青衣於寺主，寺主亦素怨之，因眾僧堂食未散，召青衣對，箠殺之。	未得罪，婢訴於冥司未果	《太平廣記》一〇〇引《紀聞》

〔註242〕《新唐書》，卷二百一十二，〈張仲武傳附子直方〉，頁5981。
〔註243〕參見陳登武，《從人世間到幽冥界：唐代的法制、社會與國家》，第五章第二節，「從『姚文秀打殺妻』案說起」，頁214～217。

馬侍中有小奴，偷弄玉精碗，墜破焉，時馬出未歸，知之大怒，鞭左右數百，將殺小奴，三日尋之不獲，後得，令左右揍殺之。	未得罪	《酉陽雜俎》九

就中數例論之。盛唐張鷟的《朝野僉載》有三則案例：

> 貞觀中，濮陽范略妻任氏，略先幸一婢，任以刀截其耳鼻，略不能制。有頃，任有娠，誕一女無耳鼻。女年漸大，其婢仍在。女問，具說所由，女悲泣，以恨其母。母深有媿色，悔之無及。[註244]

> 梁仁裕爲驍衛將軍，先幸一婢，妻李氏甚妒而虐，縛婢擊其腦。婢號呼曰：「在下卑賤，勢不自由，娘子鎖項，苦毒何甚！」婢死後月餘，李氏病，常見婢來喚。李氏頭上生四處癰疽，腦潰，晝夜鳴叫，苦痛不勝，數月而卒。[註245]

> 荊州枝江縣主簿夏榮判冥司。縣丞張景先寵其婢，厥妻楊氏妒之。景出使不在，妻殺婢，投之於廁。景至，紿之曰婢逃矣。景以妻酷虐，不問也。婢訟之於榮，榮追對之，問景曰：「公夫人病困，說形狀。」景疑其有私也，怒之。榮曰：「公夫人枉殺婢，投於廁。今見推勘，公試問之。」景悟，問其婦，婦病甚，具首其事。榮令廁內取其骸骨，香湯浴之，厚加殯葬。婢不肯放，月餘而卒。[註246]

後唐王轂的《報應錄》載：

> 唐火井縣令李明府，經過本縣，館于押司錄事私第。主人將設酒饌，欲刲一白羊，方有胎。其夜李明府夢一素衣婦人將二子拜明府乞命，詞甚哀切，李不測其由，云：「某不曾殺人。」婦人哀祈不已，李睡覺，思惟無端倪……又夢前婦人曰：「長官終不能相救，某已死訖，然亦償債了。某前身即押司錄事妻，有女僕方妊，身懷二子，時某嫉妒，因笞殺之，紿夫云：『女僕盜金釵并盒子，拷訊致斃。』今獲此報，然已還其冤債。……」[註247]

上述四則都是正妻因妒凌虐寵婢，導致報應或被害者復仇的事件。唐律規定，沒有婚姻關係的男女苟合均犯姦罪，但家主姦私隸部曲妻、客女、奴婢無罪。

〔註244〕《朝野僉載》，卷二，頁42。
〔註245〕《朝野僉載》，卷二，頁43。
〔註246〕《朝野僉載》，卷二，頁43。
〔註247〕《太平廣記》，卷一百三十四，〈報應三十三〉，引王轂《報應錄》「李明府」，頁959。

〔註248〕奴婢即使與主人有染，甚至懷育子息，只要未納為侍妾，身份地位仍與一般奴婢無異，〔註249〕只有所生子為家主，緣子之尊，法律地位才得以改變。奴婢身份為賤民，地位比良民出身的妾低，正妻為家主，故意殺害奴婢僅徒一年，刑責很輕，再加上和其他家內犯罪一樣，這類案件不易告發受罰，緣此之故，例中犯者都不是經由法律程序得到懲罰，顯示律文在現實社會中約束力的薄弱。

牛肅《紀聞》有：

> 勝業寺僧齊之好交遊貴人……天寶五載五月中病卒，二日而蘇，……自言曰：「初死見錄至鬼王庭，見一段肉臭爛在地。王因問曰：『汝出家人何因殺人？』齊之不知所對。王曰：『汝何故杖殺寺家婢？』齊之方悟。先是寺中小僧何馬師與寺中青衣通，青衣後有異志，馬師怨之，因構青衣於寺主，其青衣，不臧之人也，寺主亦素怨之，因眾僧堂食未散，召青衣對眾，且篊殺之……。〔註250〕

唐律寺主與家婢的關係比為主之期親與奴婢，私殺賤隸等同主殺，〔註251〕本案寺主殺婢，依法當徒一年，卻未受懲處，被害者只能訴於鬼王庭，透過鬼神的力量來申冤，表達對尊長擅自刑殺賤隸的不滿。

唐代冤魂復讎事件經常發生於妾對夫、妾對妻或是奴對主，顯示姬妾、奴僕在社會上居於弱勢的地位，國家法令所能給予的保障不足，對現實生活中所遭受的迫害往往無力反擊，只能藉由訴諸冥判或鬼神的力量來制裁，或是通過「報應」求得一種正義的心理補償。

《酉陽雜俎》有一例云：

> 馬侍中常寶一玉精碗，夏蠅不近，盛水經月，不腐不耗。或目痛，含之立愈。嘗匣於臥內，有小奴七、八歲，偷弄墜破焉。時馬出未歸，左右驚懼，忽失小奴。馬知之大怒，鞭左右數百，將殺小奴，三日尋之不獲。有婢晨治地，見紫衣帶垂於寢牀下，視之，乃小奴蹴張其牀而負焉。不食三日而力不衰，馬睹之大駭，曰：「破吾碗乃

〔註248〕《唐律疏議》，卷二十六，〈雜律〉，「凡姦」（總410）疏議：「『姦他人部曲妻』，明姦己家部曲妻及客女各不坐」，頁493。

〔註249〕《唐律各論》，第六編第一章第二節，〈謀殺之罪〉，「賊盜第七條　部曲奴婢謀殺主」，頁360。

〔註250〕《太平廣記》，卷一百，〈釋證二〉，引牛肅《紀聞》「僧齊之」，頁672。

〔註251〕《唐律疏議》，卷六，〈名例〉，「稱道士女官」（總57），頁144。

細過也。」即令左右搒殺之。〔註252〕

本案小奴負罪藏匿被獲，馬侍中一怒之下打殺致死，犯了唐律「主殺有罪奴婢」，應杖一百，卻未見受罰。另外，肅宗朝宰相李揆族子李益，據稱「少有癡病而多猜忌，防閑妻妾，過爲苛酷」，〔註253〕蔣防的〈霍小玉傳〉被認爲即是據此而作，其中描述李益「或侍婢媵妾之屬，暫同枕席，便加妒忌，或有因而殺之者」，〔註254〕同樣表現私家自殺奴婢的情況。

私殺奴婢在唐代筆記小說中屢見不鮮，大多發生於官宦之家，從經濟層面考量，蓄奴必須負擔奴婢開支，需要具備相當的財力；奴婢是資產，有經濟價值，殺害奴婢會造成經濟損失，富貴人家犯罪的機率通常比庶民高。其次，筆記小說中殺婢者多未遭受政府司法處罰，法律在這個部分所能發揮的作用可能非常有限，殺奴事例內容多報應之說，含有告誡世人的用意，亦反映當時社會私殺賤隸的問題。

二、無主從關係

沒有主從關係的良賤，僅社會階級不同，情況比較單純。除因盜殺傷賤隸視同殺害良民外，均減殺凡人罪。〔註255〕《唐律疏議·鬥訟》「部曲奴婢良人相毆」：

> 其良人毆傷殺他人部曲者，減凡人一等；奴婢，又減一等。若故殺
> 部曲者，絞；奴婢，流三千里。

【疏】議：

〔註252〕《酉陽雜俎》，卷九，「俠盜」，頁88。

〔註253〕《舊唐書》，卷一百三十七，〈李益傳〉，頁3771。

〔註254〕《太平廣記》，卷四百八十七，〈雜傳記四〉，引蔣防〈霍小玉傳〉，頁4011。
內山知也認爲將蔣防作霍傳視爲刻意捏造、惡意嘲諷李益的黨爭工具是缺乏根據的，理由有三：其一，李益雖爲李逢吉族人，但其官位變化與牛黨關係不大。其二，李益任高官時，對李黨制衡作用也不明顯。其三，蔣防寫作時間是他生活最動盪的歲月，此時李益已經步入晚年，逐漸淡出政壇，就雙方狀況而論也不合理。此外，唐人小說多是以傳聞爲基礎而加以潤色，雖難免有誇大不實，卻未見大的出入。詳見（日）內山知也著，查屏球編，《隋唐小說研究》（上海：復旦大學，2010），第四章第六節，〈蔣防與《霍小玉傳》〉，頁271～274。

〔註255〕《唐律疏議·賊盜》「強盜」：「注云：『殺傷奴婢亦同』諸條奴婢多悉不同良人，於此，殺傷奴婢亦同良人之坐。『雖非財主，但因盜殺傷皆是』，無問良賤，皆如財主之法」。《唐律疏議》，卷十九，〈賊盜〉，「強盜」（總281）疏議，頁357～358。

良人毆傷或殺他人部曲者，「減凡人一等」，謂毆殺者，流三千里；
折一支者，徒二年半之類。「奴婢，又減一等」，毆殺者，徒三年；
折一支，徒二年之類。若不因鬭，故殺部曲者，合絞；若謀而殺訖，
亦同。其故殺奴婢者，流三千里。〔註256〕

部曲地位等同官戶，私奴婢同於官奴婢，本條適用對象包含官屬賤民。太常
音聲人、工戶等地位較高的官賤與良民相毆傷殺，按律無明文依常法處理。
賤民地位低於良民，良毆傷殺賤隸均減凡人一等，故殺部曲不按一般減例流
三千里，改處絞，是加重刑罰。

表10　唐律良人殺賤民處刑表（律文出處：總320）

客體 \ 主體	良民	太常音聲人、工戶、樂戶、雜戶	部曲、客女、官戶	奴婢、官奴婢
良　民	依凡人	依凡人	謀殺、故殺：絞 毆殺：減凡人一等，流三千里 誤殺以下：依凡人	謀殺、故殺：流三千里 毆殺：減凡人二等，徒三年 誤殺以下：依凡人

就筆者所見，殺害他人部曲奴婢例僅見於官員。高宗時，官奴曹達犯罪，
才子王勃匿之。日後王勃害怕事發，殺官奴滅口，結果「當誅，會赦除名。
時勃父福時……坐勃左遷交趾令」。〔註257〕王勃知情藏匿罪人，按律應減罪人
所犯罪一等，但不知曹達所犯何罪。故殺官奴等同故殺他人奴婢，處流三千
里，可是本案結果爲「當誅」，且會赦猶除名，還連及王勃父，刑罰之重與律
文不符。〔註258〕

睿宗景雲時，韋安石女嫁李元澄後不久身亡，韋妻薛氏懷疑女兒遭元澄
婚前所幸婢厭殺，當時該婢已轉嫁他人，薛氏使人捕而捶死，被御史中丞楊
茂謙奏發，韋安石因此被貶爲蒲州刺使。〔註259〕張鷟《朝野僉載》也記述了
這個事件，內容與唐書頗有出入，張氏與韋安石同於武后朝前後出仕，活動
時間相當，記錄頗具參考價值。《朝野僉載》稱該婢爲妾，韋女病時，安石即

〔註256〕《唐律疏議》，卷二十二，〈鬭訟〉，「部曲奴婢良人相毆」（總320），頁405。
〔註257〕《舊唐書》，卷一百九十上，〈王勃傳〉，頁5005。
〔註258〕唐律縱使卑幼藏匿罪人，尊長聽之，事發仍獨坐卑幼，不知本例因何連坐王勃
　　　　父。見《唐律疏議》，卷二十八，〈捕亡〉，「知情藏匿罪人」（總468）注，頁
　　　　541。
〔註259〕《舊唐書》，卷九十二，〈韋安石傳〉，頁2957。

命河南令秦守一抓捕逼供，該女因不堪刑罰，自誣投井而死。〔註260〕無論是妾或婢，該女轉嫁他人之後與韋安石夫婦均無關係，如果按《舊唐書》的說法，薛氏殺婢即犯了故殺他人奴婢罪，應流三千里，不過官員親屬犯罪依法可上請議減，處刑與常法不同。

另一例發生在憲宗朝，宰相于頔之子于敏因梁正言自謂與中官梁守謙相善，遂透過正言賄賂守謙，欲求出鎮，然久久無效，于敏「乃誘正言之僮，支解棄於溷中」。後遭家奴告罪事發，結果于頔貶官，于敏長流雷州，行至商山賜死，其奴有與手殺人者，付京兆府決殺。〔註261〕本例涉及賄賂與支解人兩罪，支解人入十惡「不道」，共犯皆斬，妻子流兩千里，不准上請議減，律云：

> 諸殺一家非死罪三人，及支解人者，皆斬；妻、子流二千里。

【疏】議：

> 「及支解人者」，注云「謂殺人而支解者」，或殺時即支解，或先支解而後殺之，皆同支解。並入「不道」。若殺訖，絕時後更支解者，非。或故焚燒而殺，或殺時即焚燒者，文雖不載，罪與「支解」義同，皆合處斬，罪無首從，妻、子流二千里。〔註262〕

案中被害人的身分爲賤民，按同條「殺一家三人」注謂：「奴婢、部曲非」，支解賤民可減原罪，長流遠地合於律法規定；而于敏家奴告主罪發，按律也須受罰，卻未見刑責。

德宗建中元年（780）三月，前湖南觀察使辛京杲殺部曲：

> 辛京杲以私忿杖殺部曲，有司奏京杲罪當死，上將從之。李忠臣曰：「京杲當死久矣！」上問其故。忠臣曰：「京杲諸父兄弟皆戰死，獨京杲至今尚存，臣故以爲當死久矣。」上憫然，左遷京杲諸王傅。忠臣乘機救人，多此類。〔註263〕

辛京杲杖殺部曲，有司論死，依照唐律規定，殺自家部曲罪不過徒，無須至死，可見辛京杲應該是殺他人部曲。凡謀殺、故殺他人部曲皆處絞，不過檢校司空、同平章事、奉朝請李忠臣以京杲父兄戰死有功爲之求情，使京杲得以免罪，僅罰左遷貶官，不符合法律規定。

〔註260〕《朝野僉載》，卷二，頁44。
〔註261〕《舊唐書》，卷一百五十六，〈于頔傳〉，頁4131。
〔註262〕《唐律疏議》，卷十七，〈賊盜〉，「殺一家三人支解人」（總259），頁332。
〔註263〕《資治通鑑》，卷二百二十六，〈唐紀 德宗一〉，「建中元年三月」條，頁7279。

官人與其親屬犯罪有上請減罪的空間,又可能涉及政治情勢,處刑考量比較複雜,通常不適合用來衡量法律的落實。以上述兩例而言,韋安石犯罪時間適逢太平公主與李隆基的政爭,案件發生前不久,韋安石才因得罪太平公主罹禍,幸賴郭元振相助逃過一劫,因此案發後被外放蒲州,可能含有政治因素。至於于頔,史載:

> 廣軍籍,募戰士,器甲犀利,儼然專有漢南之地。……時德宗方姑息方鎮,聞頔事狀,亦無可奈何,但允順而已。頔奏請無不從,於是公然聚斂,恣意虐殺,專以凌上威下爲務。〔註264〕

于頔侍軍而驕,不尊皇命,爲朝廷所忌,元和以後憲宗一心打擊跋扈的藩臣,因此于敏殺人案嚴格依法處理可能含有「殺雞儆猴」的意味,也不能視爲違反本律的處理常態。

第五節　小結

唐律重視身份關係的特質在殺人罪中表現無遺,身份關係包括社會與家內兩層。社會階級分爲皇族官員、良民與賤民;家內爲相對的親屬關係,大致可分爲尊長、卑幼、夫妻妾三種。夫妻妾以義相合,關係不同天性血緣,律法均另文規定。唐律凡是地位低者殺害高者,一律從重計罪;反過來說,高者殺害低者,罪責減輕。罪刑不僅因身份而異,還與兩造親疏程度有關,凡加重計罪,關係越親近,罪責越重;減刑則相反,關係越親,罪責越輕。良民與賤民若同爲家內之人,則兼有良賤和主僕兩重身份關係,兩者相犯,刑責再累加或遞減。

身份法中以親屬關係最重要,唐律對家內秩序的看重可以從「十惡」規定得到印證。「十惡」非正法,亦非正刑,是唐律針對重大犯罪所做的附加刑罰規定,若不限於殺人罪,關於家內人相犯的規定就佔了「十惡」一半之多,可見政府維護倫理秩序之意。十惡中的「惡逆」、「不睦」都是針對家內親屬相殺,其中以殺害期親尊長的「惡逆」減刑規定最爲嚴格,甚至超過危及國家政權的「謀反」與「謀叛」。

唐代殺人罪的身份規定源於前代,自周代已降,中國法律已經確立了以兩造身份判定罪刑輕重的原則,唐律加以系統化,刑責變化不大。在身份關

〔註264〕《舊唐書》,卷一百五十六,〈于頔傳〉,頁4131。

係上，雖然法律認同父對子、主對奴享有絕對的掌控和管教權，但自從國家公權力確立之後，原則上唯有政府才有合法殺人的權力，一般私人不得越限，加上人命為大，人力是國家資源，不得擅殺，考慮政府權力與尊卑秩序之理，秦律已出現「謁殺」制度。「謁殺」制度下，父、主仍然享有控制子、奴的權力，包括生命權在內，不過殺害必須謁請官府，由政府代替父主執行，唐代這種情況依然可見。

　　關於不同身份的殺害罪，案例頗為豐富，尤其是發生於夫妻妾與主僕的關係中。這些事例的被害人通常是兩造中身份地位較低者，而且加害人犯行後大多未受司法懲罰。由於家內犯罪外人難以察知，家人又有親親相隱的權利，多不選擇告官，司法難以處理；另一方面，這些事例重複出現不僅反映現實社會情況，其中所蘊含的告誡之意也凸顯了律法效果不彰的問題。

第四章 報恩・仗義・復仇：
殺人與俠義

第一節 問題的提出

    法律是一套既定的社會規則，按理而言，凡是違犯法令都應該受到司法懲處，然而犯行出發點不同，惡意輕重也不相等，法律落實必須合乎社會普遍的正義觀，才得以立足。其次，司法判決是道德價值與法律條文交互作用的結果，法律施行會受到時代價值觀影響，古今皆然。現代法律在條文中保留刑度空間，方便法官斟酌裁量，古代司法雖然沒有這樣的設計，而且通常嚴格要求依法判決，[註1] 若是遇到特殊情由，地方官員也可上請中央議決，透過皇權調整刑度，甚至予以免刑的優惠。

    唐代筆記小說著力於表現日常生活，展示各種社會現象，作為一種「文非載道」的作品，衛道功能及所需文責都相對薄弱，較能自然反應社會價值觀或普遍意識，也正因為這種貼近庶民心態的特點，使通俗作品能在社會上廣泛流傳。唐人筆記小說以俠義作品最常涉及殺人罪，其中犯罪動機若非惡意傷人，則多與報恩、仗義和復仇三個主題有關。筆者希望透過這類筆記小說案件瞭解唐代社會對俠義殺人事例有何反應？哪些因素可能會影響唐人對

〔註 1〕 唐律即有「決罰不如法」（總482）、「斷罪不具引律令格式」（總484）、「應言上待報而輒自決斷」（總485）、「輒引制敕斷罪」（總486）、「官司出入人罪」（總487）等對於判決的規定，明清律亦不乏相關規定。詳見《唐律疏議》，卷二十九、卷三十，〈斷獄〉，頁 557、頁 561、頁 561、頁 562、頁 562。

殺人犯罪的看法？民眾預期司法如何處理這類問題？並觀察這些因素對殺人罪律文落實造成何種影響。

第二節　「俠」的發展

「俠」源自戰國，司馬遷和班固論俠都從戰國養士四公子著筆，班固解釋：「陵夷至於戰國，合從連衡，力政爭彊。繇是列國公子，魏有信陵、趙有平原、齊有孟嘗、楚有春申，皆藉王公之勢，競爲游俠，雞鳴狗盜，無不賓禮」。〔註2〕戰國封建秩序完全崩壞，諸國爭雄，平民崛起，公卿貴族爲了維持身份地位，以財富豢養私寵，厚植實力，被稱爲「俠」。韓非形容：「棄官寵交謂之有俠」、〔註3〕「人臣肆意陳欲曰俠」、〔註4〕「俠以武犯禁」、「群俠以私劍養」，〔註5〕指出「私人交結爲勢」和「肆意犯禁」的特點，俠是有別於政府公權力的一支自主性力量。

《史記》、《漢書》對於俠的書寫，經常著墨於他們強大的社會勢力，譬如灌夫以家財豢養門人數百，橫行地方，史載：「好任俠，已然諾。諸所與交通，無非豪桀大猾。家累數千萬，食客日數十百人。陂池田園，宗族賓客爲權利，橫於潁川」。〔註6〕也有官員得罪地方豪俠而無法任官，如東漢蘇章擔任冀州刺史，因「摧破豪俠，坐免歸養，高於鄉里。……論者日夜稱章，朝廷遂不能復用之」，〔註7〕在在顯示游俠的實力。

行事風格方面，漢俠多少年習武，鬥雞走狗，飛鷹博戲，給人好武輕狂、胸無點墨的印象，與文質彬彬、規行矩步的儒士正好形成對比，俠中若有習文業儒者，通常都是年紀長大後才折節向學，與其行俠時間相異。〔註8〕其次，

〔註2〕 《漢書》，卷九十二，〈游俠列傳〉，頁3697。

〔註3〕 韓非子校注組編寫，周勛初修訂，《韓非子校注》（南京：鳳凰，2009），〈八說〉，頁522。

〔註4〕 《韓非子校注》，〈八說〉，頁529。

〔註5〕 《韓非子校注》，〈五蠹〉，頁555。

〔註6〕 《史記》，卷一百七，〈魏其武安侯列傳〉，頁2847。

〔註7〕 （東晉）袁宏著，張烈點校，《後漢紀》（北京：中華書局，2002），卷十九，〈孝順皇帝紀〉，「四年夏四月」條，頁368。

〔註8〕 例如：西漢朱雲「少時通輕俠，借客報仇。長八尺餘，容貌甚壯，以勇力聞。年四十，乃變節從博士白子友受易」、東漢王渙「少好俠，尚氣力，數通剽輕少年。晚而改節，敦儒學，習尚書，讀律令，略舉大義」《漢書》，卷六十七，〈朱雲傳〉，頁2912。《後漢書》，卷七十六，〈王渙傳〉，頁2468。

他們最令人稱道的行爲是慷慨施援、振飢濟溺，如大俠朱家「所藏活豪士以百數，其餘庸人不可勝言。……諸所嘗施，唯恐見之。振人不贍，先從貧賤始。……專趨人之急，甚已之私」。〔註 9〕游俠的社會影響力大多是透過廣施金錢和熱心助人的特質所形成的，但是濟人之困、仗義相助卻往往容易觸犯國法，即「以武犯禁」，譬如漢初張良違法收留殺人逃亡的項伯，〔註 10〕大俠朱家無視高祖誅三族的命令，擅自匿藏遭到通緝的季布等等，〔註 11〕都是有名的例子。

此外，也有純粹仗勢爲惡，睚眦必較，自操生死之權者。如郭解「少時陰賊，慨不快意，身所殺甚衆。以軀借交報仇，藏命作姦剽攻，不休及鑄錢掘塚，固不可勝數」、〔註 12〕陽翟輕俠趙季、李欵「多畜賓客，以氣力漁食閭里，至姦人婦女，持吏長短，從橫郡中……」。〔註 13〕他們姦淫擄掠，殺人搶劫，鑄錢發塚，氣焰囂張，可謂目無王法，十足是地方惡霸的行徑，所以東晉袁宏曾總結：「輕貨財，重信義，憂人之急，濟人之險，則任俠之風有益于時矣；然樹私惠，要名譽，感意氣，讎睚眦，使天下之人輕犯敘之權，弊亦大矣」。〔註 14〕

魏晉南北朝游俠書寫有了新的發展，第一、兩漢受到助濟的人大多是社會游離份子，或因個人遭遇特殊而主動投奔求助。魏晉時期，政府力量衰微，對於天災、盜匪問題無力援助，許多俠士開始承擔起救助鄉里的工作，受益對象擴及一般群眾，俠的社會作用愈發明顯，更具有普遍的現實意義。濟助對象普遍化使俠在鄉里間擁有良好的聲譽，進而成爲地方領袖，也有人有心藉行俠手段招攬人才，抬高身價，建立功業，如大族袁紹「既累世台司，賓客所歸，加傾心折節，莫不爭赴其庭。士無貴賤，與之抗禮，輜軿柴轂，填接街陌」，〔註 15〕影響所及「當是時，豪俠多附紹，皆思爲之報……」。〔註 16〕

第二、漢代大俠常因名聲顯赫受政府籠絡，出任公職，或是和朝廷權貴

〔註 9〕　《史記》，卷一百二十四，〈游俠列傳〉，「朱家」，頁 3184。
〔註 10〕　《史記‧留侯世家》：「（張良）居下邳，爲任俠。項伯嘗殺人，從良匿」。《史記》，卷五十五，〈留侯世家〉，頁 2036。
〔註 11〕　《史記》，卷一百，〈季布欒布列傳〉，頁 2730。
〔註 12〕　《史記》，卷一百二十四，〈游俠列傳〉，「郭解」，頁 3185。
〔註 13〕　《漢書》，卷七十七，〈何並傳〉，頁 3268。
〔註 14〕　《後漢紀》，卷二十二，〈孝桓皇帝紀〉，「九年正月」，頁 433～434。
〔註 15〕　《後漢書》，卷七十四上，〈袁紹傳〉，頁 2373。
〔註 16〕　《三國志‧魏志》，卷六，〈袁紹傳〉，頁 192。

來往密切，彼此支援，例如：萬章擔任過京兆尹門下督，樓護曾爲京兆吏、天水太守、廣漢太守，陳遵歷任太原太守、京兆尹、河南太守。魏晉南北朝政治環境轉變，出現了不仕或刻意與政府保持距離的俠，如西晉李庠和北魏高樹生，[註17] 顯示他們面對政府的態度和兩漢有所不同。

第三、大量出現「文武合一」的俠。如名士嵇康「文辭壯麗，好言老、莊，而尙奇任俠」、[註18] 北魏祖瑩「瑩年八歲，能誦詩書，十二，爲中書學生。好學耽書，以晝繼夜，……性爽俠，有節氣，士有窮厄，以命歸之，必見存拯，時亦以此多之。其文集行於世」。[註19] 此時的俠已經跳脫兩漢「不學無術」的框架，形象更爲複雜。龔鵬程認爲這種變化與西漢以降俠風盛行有關，東漢許多名士行爲即已明顯沾染游俠風格。[註20] 總而言之，魏晉南北朝社會環境的變化擴充了「俠」的內涵與功能，爲這個角色增添不少正面意義，豐富既有概念，也影響唐人觀點。

隋末唐初是俠活動的另一個高峰。大業末年天下騷亂，諸雄莫不廣結私誼，招攬群眾，太宗「潛圖義舉，每折節下士，推財養客，羣盜大俠，莫不願効死力」、[註21] 劉武周「驍勇善射，交通豪俠」。[註22] 入唐之後史書著墨減少，比較具體的只有則天朝魏郡郭元振「任俠使氣，不以細務介意，前後掠賣所部千餘人，以遺賓客，百姓苦之」，[註23] 掠賣千餘人以資賓客之用，可見勢力之盛。名將哥舒翰「家富於財，倜儻任俠，好然諾，縱蒲酒」、[註24] 劉乂「少放肆爲俠行，因酒殺人亡命」，[註25] 都是描述他們使氣用事、狂放瀟灑的任俠風

〔註17〕「元康四年，察孝廉，不就。後以善騎射，舉良將，亦不就。州以（李）庠才兼文武，舉秀異，固以疾辭。州郡不聽，以其名上聞，中護軍切徵，不得已而應之，拜中軍騎督。……以洛陽方亂，稱疾去官。性在任俠，好濟人之難，州黨爭附之」、「蠕蠕侵掠，高祖詔懷朔鎮將陽平王頤率衆討之，頤假（高）樹生鎮遠將軍、都將，先驅有功。樹生尙氣俠，意在浮沉自適，不願職位，辭不受賞，論者高之」。《晉書》，卷一百二十，〈李庠傳〉，頁 3031。《魏書》，卷三十二，〈高樹生傳〉，頁 752。

〔註18〕《三國志・魏志》，卷二十一，〈王粲傳〉，頁 605。

〔註19〕《魏書》，卷八十二，〈祖瑩傳〉，頁 1798、頁 1800。

〔註20〕詳見龔鵬程，《大俠——俠的精神文化史論》（台北：風雲時代，2007），〈唐代的俠與劍俠〉，頁 90～91。

〔註21〕《舊唐書》，卷二，〈太宗本紀上〉，頁 22。

〔註22〕《舊唐書》，卷五十五，〈劉武周傳〉，頁 2252。

〔註23〕《舊唐書》，卷九十七，〈郭元振傳〉，頁 3042。

〔註24〕《舊唐書》，卷一百四，〈哥舒翰傳〉，頁 3211。

〔註25〕《新唐書》，卷一百七十六，〈韓愈傳附劉乂〉，頁 5268～5269。

格。另外，唐中葉薛元賞整頓首都治安時，曾經形容京師中的俠少年「以黛墨鏡膚，夸詭力，剽奪坊閭」，〔註26〕刺青剽竊、好勇鬥狠，形跡則接近地痞流氓，氣質粗俗。新、舊唐書等正史對俠的記述多不出「以武犯禁」的範圍，相較之下筆記小說的書寫就豐富多了。

唐人將「受命行刺」列為俠事，如李訓欲誅宦官「廣令召募豪俠及金吾臺府之從者，俾集其事」、〔註27〕昭義節度使劉從諫侍從甄戈「頗任俠，從諫厚給卹，坐上座，自稱荊卿。從諫與定州戍將有嫌，命戈取之」。〔註28〕司馬遷將游俠與刺客列為兩傳，表示其間有別，〔註29〕不過兩者相依相存，關係密切，名稱混用其來有自，到了唐代，刺客已經被併入俠，豪俠小說的主人翁不乏刺客之流。

唐代俠的行為模式從「號令」走向「執行」，除了定義轉變外，從現實層面考量，游俠身份始終受到官方敵視，尤其是在大一統時期，處境更為艱難，即使有心靠攏政府也未必得以周全，漢武帝大規模的整肅即為明例。賓盛徒眾的豪族容易成為攻擊目標，相形之下，「孑然一身」的個體就安全便利多了，加上佛道思維的影響，「孤身獨行」、「來去無蹤」遠比「成群結伙」受人欽慕，俠客形象遂開始「孤獨化」、「神秘化」。

行為模式改變，個人技藝需求隨之提高，就是所謂由「俠」變成「武俠」，這種視技藝為俠者指標的情況可以《太平廣記》的收錄為代表。《太平廣記》卷一百九十三至一百九十六共收錄二十五篇作品，通稱為「豪俠類」，其中有善追鷹逐狗的〈李亭〉，能成人之美的〈虯髯客〉，神出鬼沒的竊賊〈紅線〉、〈丁秀才〉、〈田膨郎〉，獨身復仇的女子〈賈人妻〉、〈崔慎思〉，嫉惡如仇的刺客〈義俠〉、〈李龜壽〉等等。行事動機有路見不平、扶傾濟弱，有為個人一己私欲，也有無關是非道德，純粹展現技藝。他們多單打獨鬥，沒有輕財泛交，不一定「講信為義」或「干犯法禁」，二十五篇故事看起來像是一部奇人異事集，反而同樣表現復仇正義的〈謝小娥〉及仗義助難的〈裴冕〉、〈趙

〔註26〕《新唐書》，卷一百九十七，〈循吏〉，「薛元賞」，頁 5633。
〔註27〕《舊唐書》，卷一百六十九，〈李訓傳〉，頁 4397。
〔註28〕《新唐書》，卷二百十四，〈劉悟傳附子從諫〉，頁 6019。
〔註29〕一般認為太史公的游俠是「養人（客）者」；刺客是「被養者」。見章培恒，〈從游俠到武俠——中國俠文化的歷史考察〉，《復旦學報》1994：3，頁 75～82。汪涌豪、陳廣宏，《俠的人格與世界》（上海：復旦大學，2005），〈中國早期游俠身份的重新檢討〉，頁 353～361。

驛〉卻被分別置於雜傳類和氣義類，可能即是沒有特殊技藝之故。

此外，《史記》論俠特別著眼於行爲的道德價值，太史公曰：「救人於厄，振人不贍，仁者有乎；不既信，不倍言，義者有取焉」。〔註30〕他對游俠在私人關係上表現出的「捨己助人」、「講信爲義」十分推崇。這裡的「義」指忠人之事、爲人解難，屬於私人之間的還報，與群體的公法正義毫不相涉，所以司馬遷說「其行不軌於正義」。太史公論俠受到個人遭遇的刺激，〔註31〕也與當時社會普遍觀感相異，〔註32〕但是這種書寫角度卻對「俠」的人格形象產生莫大的影響，〔註33〕尤其是從《後漢書》開始，「游俠」主題退出正史舞台，轉於文學作品中發展，由於文體不同，「俠」一字慢慢脫離原初具體的社會角色，日趨抽象化、精神化，帶有價值評斷的意味。〔註34〕

總而言之，唐代「俠」的概念延續前代而有創新，卻仍然十分複雜，有正、反兩面評價，既實際代表一種社會勢力，也用於指稱性格上具有某些特性的人。但是俠義作爲筆記小說三大主題之一，顯示民間社會對其行爲價值十分認同，換句話說，從《史記》開始，「俠」成爲展現社會正義的一種代表，而且這種社會正義通常與政府的司法正義不合，甚至處於對立狀態，下面針對其中涉及殺人罪的例子來做討論。

〔註30〕《史記》，卷一百三十，〈太史公自序〉，頁3318。

〔註31〕宋代秦觀謂：「遷之遭李陵禍也，家貧無財賄自贖，交遊莫救，左右親近不爲一言，以陷腐刑。其憤懣不平之氣無所發泄，乃一切寓之於書。……況於黃老、游俠、貨殖之事，有見而發，有激而言者！其所稱道，不能無溢美之言也」。（宋）秦觀撰，徐培均箋注，《淮海集箋注》（上海：上海古籍，1994），卷二十，「司馬遷論」，頁700～701。

〔註32〕司馬遷曰：「朱家、田仲、王公、劇孟、郭解之徒，雖時扞當世之文罔，然其私義廉潔，退讓有足稱者，名不虛立，士不虛附。至如朋黨宗彊，比周設財，役貧豪暴，侵凌孤弱，恣欲自快，游俠亦醜之。余悲世俗不察其意，而猥以朱家、郭解等令與暴豪之徒同類，而共笑之也」。《史記》，卷一百二十四，〈游俠列傳〉，頁3183。

〔註33〕宋德熹將司馬遷與韓非、班固論俠的觀點套入「小傳統」與「大傳統」的概念，認爲歷來關於俠的書寫基本上離不開這兩面。宋德熹，〈「俠以武犯禁」乎？唐代俠者形象的碰撞〉，收於氏著，《唐史識小：社會與文化的探索》（台北：稻鄉，2009），頁324～330。

〔註34〕詳見陳平原，《千古文人俠客夢》（北京：北京大學，2010），第一章，〈千古文人俠客夢〉，頁4～5。

第三節　俠義小說中的殺人案例

本章「俠義小說」取材標準爲文中提及「俠」或敘述俠義行爲的筆記、小說及正史作品，其中涉及殺人行爲的有下列二十二篇：

表 11　唐代俠義小說涉及殺人罪一覽表

	名　稱	案由概述	出　處
1	甄戈	〈劉從諫傳〉：甄戈頗任俠，從諫厚給卹，坐上座，自稱荊卿。從諫與定州戍將有嫌，命戈取之，……它日，又使取仇人。	《新唐書》二一四
2	杜濟	自稱代宗遣之刺殺宦者李輔國。	《新唐書》二〇八
3	刺客	武周時，則天流曹王於黔州，黔州都督謝祐恐嚇曹王，使之怖而自縊死，曹王子遣刺客殺祐。	《朝野僉載》二、《舊唐書》七六
4	張師政 紇干承基	太子承乾遣二人刺殺于志寧，二人潛入志寧第，見志寧寢處苫廬，不忍殺害。	《舊唐書》七八、《資治通鑑》一九六作「張思政」
5	義俠	受縣令之命殺人，知縣令欲害恩主，反殺縣令。	《太平廣記》一九五引皇甫氏《原化記》
6	梁上刺客	李勉縱囚，囚妻建議使刺客殺勉，刺客於樑間知事原委，反殺囚夫妻。	《唐國史補》中、《唐語林》四
7	聶隱娘	自小爲尼挾去，與尼學藝，並奉命刺殺奸宦惡徒。學成返家爲魏博屬吏，奉命行刺劉昌裔，感於昌裔神算，轉而爲之效力，爲劉昌裔殺魏博刺客精精兒，化屍爲水。	袁郊《甘澤謠》、《太平廣記》一九四引裴鉶《傳奇》
8	李龜壽	受命刺殺白敏中，感於敏中正直無懼，轉事敏中。	《太平廣記》一九六引皇甫枚《三水小牘》
9	古洪	薛調〈無雙傳〉：報王仙客之恩，爲之謀事，恐洩，殺知情者數人，亦自刎而死。	《太平廣記》四八六、《說郛》一一二上〈劉無雙傳〉
10	馮燕	沈亞之〈馮燕傳〉：馮燕任俠，聞市有爭財，往博殺不平，亡命於滑。與滑將張嬰妻通，見張妻欲害夫，殺之。時以妻爲嬰所殺，將處死刑，燕自首而免，地方官上請贖燕罪，帝感之，免罪，並赦滑州其餘死刑犯。	《文苑英華》三四九、《太平廣記》一九五
11	荊十三娘	李正郎弟之愛妓遭父母奪與勢宦諸葛殷，荊十三娘殺妓父母，奪妓歸李生。	《北夢瑣言》八、《太平廣記》一九六、《說郛》一一二

12	賈人妻	餘干縣尉王立至京調選,文書有誤,爲主司駁放,窮悴頗甚。偶遇一寡婦,夫亡十年,尚有舊業可營生,兩人言甚相得,婦邀立從居,立遂就焉。周歲,產一子。婦忽一日夜歸,攜囊首,謂仇已報,需離京,資產及子均予立。別後不久復歸,謂更乳子以豁離恨,婦去,立復視兒,兒已死。	《太平廣記》一九六引薛用弱《集異記》
13	崔愼思妾	〈崔愼思〉:崔愼思,唐貞元中應進士舉,於京賃人隙院居止,有少婦年三十餘,愼思遂遣通意,求納爲妻,婦人求以爲妾,許之。某夜,忽見婦自屋而下,左手攜一人頭,言父枉爲郡守殺,入城求報殺人,將別,又殺親子,以絕後念而去。	《太平廣記》一九四引《原化記》
14	蜀婦人	崔蠡〈義激〉:有婦人傭居長安里,懼人之異也,遂婦于同里人。既生一子,常夜出,夫疑亦不絕。一夜既歸,色甚喜,詰之,言幼時父爲蜀小吏,有小罪,不至死,在位陰以非法棄市,今復仇殺之。又謂子有母殺人必受辱,與其受賤,不如死,遂殺子。勉夫仁義爲事必有報,言畢而別。	《文苑英華》三七九、《全唐文》七一八
15	妾報父冤	貞元中長安客有買妾者,居之數年,忽爾不知所之,一夜提人首至,告其夫曰:我有父冤,故至於此。今報矣,請歸。泣涕而訣,出門如風,俄頃,卻斷所生二子喉而去。	《唐國史補》中
16	謝小娥	李公佐〈謝小娥傳〉:謝小娥,俠士段居貞妻,父與夫俱爲盜申蘭、申春所殺,盡掠金帛。小娥變服爲男子,傭保於仇家,伺機殺盡其黨。潯陽太守張公善其志行,爲具其事上旌表,乃得免死,時元和十二年(817)夏。小娥復讐畢,歸本里,里中豪族爭求聘,娥不嫁,剪髮爲尼。	《太平廣記》四九一、《新唐書》二〇五
17	虬髯客	杜光廷〈虬髯客傳〉:殺天下負心人,取其心肝佐酒。	《太平廣記》一九三
18	劉乂	少放肆爲俠行,因酒殺人亡命。	《新唐書》一七六
19	李白	魏顥〈李翰林集序〉:少任俠,手刃數人。	《李太白集注》三一
20	李生	恃氣好俠,不拘細行,貧困無以自資,由是好與俠客游,往往掠奪里人財帛。偶遇一少年,負巨囊,利其財,排之墮於崖下,得財。	《宣室志》三
21	嚴武	仗氣任俠,見鄰家軍使妾有容色,誘至宅,竊而逃,聞捕賊搜索甚急,縊殺之,沉於河,捕賊搜索未獲,無罪。	《太平廣記》一三〇引盧氏《逸史》
22	諸葛昂高瓚	隋末深州人,性豪俠,兩人鬥豪,殺人食肉。	《類說》四〇、《說郛》三二上

表中扣除劉乂與李白敘述含糊,殺人原委不明之外,其他情節集中於刺

客、復仇、報恩、仗義與惡意殺人。本章討論報恩、仗義與復仇三種情況，這類行爲雖然違反法律規定，卻被認爲合乎道德價值，反映民間觀點與法律正義的衝突。至於例 20～22 的惡意殺人，社會觀點與國家法律皆不容，不予處理。

一、報恩

　　從《史記》開始，俠最受人稱道的價值就是「仗義相助」與「還報」，兩者都是流行於庶民社會的道德規則。「報」在中國幾乎已經成爲一種強迫性的社會規範，甚至是人際關係的基礎，俗民日常生活中，程度相當的交換報償一直是重要的行事準則，是爲「公理」。〔註35〕根據「報」的概念，受者反餽是必須的，所以人們有能力的時候經營一些施給，可以預期日後將帶來一定的回報，這種穩定的人際規則對生活起著保障作用，相對地，它所造成的約束力與影響力也相當顯著。

　　古人說：「來而不往，非禮也」，小至日常生活的餽贈，大至仕途、性命之恩，受恩還報被認爲是天經地義的事，回報是受恩者的義務，同理，施恩者也會預期對方有所報償，正因如此，施恩可以當成一種投資，許多時候，施恩甚至是經過計算、有條件的行動，意在報酬。再者，恩惠的內容廣泛多樣，而且經常是物質性的，許多報恩行爲都牽涉到金錢報酬，亦不乏爲了收買對方而刻意施惠。施受雙方心知肚明，彼此之間是一種交換，各以所有，易其所需，如燕太子丹請荊軻刺秦、嚴仲子求聶政殺韓相俠累，都是這樣的例子。〔註36〕

　　雇主與刺客的關係也是施恩收報的一種，意義與《史記》、《漢書》中的游俠門客相同，都是以殺人行動來回報施賑者的經濟援助，可說是「報恩殺人」。倘若依照漢時價值觀，刺客收人恩惠，受人之託，理應忠人之事，使命必達，這種不畏艱難、忠於恩主的表現曾獲得高度的道德評價，不過唐人筆記小說推崇的已經不是這類特質了。

　　唐代刺殺之事不罕見，新、舊唐書記載玄宗朝權相李林甫爲了躲避刺客

〔註35〕楊聯陞著，段昌國譯，〈報——中國社會關係的一個基礎〉，收於氏著，《中國文化中「報」、「保」、「包」之意義》（香港：中文大學，1987），頁 49。

〔註36〕文崇一，〈報恩與復仇：交換行爲的分析〉，收於楊國樞、文崇一編，《中央研究院民族學研究所專刊　乙種之10》（台北：中研院民族學研究所，1982），頁318～322。

行刺「重扃複壁，絡板甃石，一夕屢徙，雖家人不知之」，〔註37〕顯示刺殺行動的活躍與可怖。內宮政治鬥爭也利用刺客解決異敵，如上表例2，宦官李輔國跋扈囂張，代宗遣人殺之，《新唐書》曰：「自輔國徙太上皇，天下疾之，帝在東宮，積不平，旣嗣位，不欲顯戮，遣俠者夜刺殺之」。〔註38〕《唐語林》、《唐國史補》則直云：「天寶以前，多刺客」、〔註39〕「或說天下未有兵甲時，常多刺客」。〔註40〕

　　表中編號1～8都與刺殺有關，將近總數的三分之一，其中例1、例2爲單純受命行事，討論空間小，例3爲復仇殺人，留待後敍。例4太宗時，于志寧擔任太子輔臣，屢次上書諷諫，承乾不悅，命張師政、紇干承基刺殺于志寧，兩人見志寧居室簡陋，不忍下手，遂止，于志寧的清廉與兩名刺客能辯是非均爲人稱道。依謀殺本律，太子承乾爲謀殺罪謀首，張師政、紇干承基爲從犯，從者減首者一等，謀殺未傷，刑責是徒三年，兩名刺客也須徒兩年半，但太子身爲皇親，流罪以下可減一等，應徒兩年半。〔註41〕兩名刺客爲了行刺到志寧家，雖然並未下手殺人，依據唐律重視懲罰犯意的精神，仍需負擔刑責。不過社會大眾顯然認爲兩名刺客辨察是非的道德意義高於「依法判決」的法律價值，將此事作爲佳話傳說。

　　例5〈義俠〉、例6〈樑上刺客〉同樣是受命行刺，背棄所託，表現卻更激烈。兩例均源於縱囚，〈義俠〉曰：

> 頃有仕人爲畿尉，常任賊曹，有一賊繫械，獄未具，此官獨坐廳上，忽告曰：「某非賊，頗非常輩，公若脫我之罪，奉報有日。」此公視狀貌不羣，詞采挺拔，意已許之，佯爲不諾。夜後密呼獄吏放之，仍令獄吏逃竄，旣明獄中失囚，獄吏又走，府司譴罰而已。……〔註42〕

《唐六典》：「尉二人，正九品下……主捕盜賊。……縣尉親理庶務，分判眾曹，割斷追催，收率課調」。〔註43〕尉掌管地方治安，主盜賊，察奸非，擅自釋放囚犯有違職守，觸犯法律。唐律對於逃亡囚犯與主守官員的罪刑都有清

〔註37〕《舊唐書》，卷一百六，〈李林甫傳〉，頁3241。
〔註38〕《新唐書》，卷二百八，〈宦者下〉，「李輔國」，頁5882。
〔註39〕《唐國史補》，卷中，頁47。
〔註40〕《唐語林校證》，卷四，「李勉」，頁353。
〔註41〕律文詳見第二章註62、63。
〔註42〕《太平廣記》，卷一百九十五，〈豪俠三〉，引皇甫氏《原化記》「義俠」，頁1466。
〔註43〕《唐六典》，卷三十，〈三府督護州縣官吏〉，「京兆、河南、太原諸縣」，頁751、頁753。

楚規定，《唐律疏議‧捕亡》「被囚禁拒捍走」：

　　諸被囚禁，拒捍官司而走者，流二千里；傷人者，加役流；殺人者
　　斬，從者絞。若私竊逃亡，以徒亡論。

【疏】議：

　　「被囚禁」，不限有罪無罪，但據狀應禁者，散禁亦同。〔註44〕

又「主守不覺失囚」：

　　諸主守不覺失囚者，減囚罪二等；若因拒捍而走者，又減二等。皆
　　聽一百日追捕。限內能自捕得及他人捕得，若囚已死及自首，除其
　　罪；即限外捕得，及囚已死若自首者，各又追減一等。監當之官，
　　各減主守三等。故縱者，不給捕限，即以其罪罪之；未斷決間，能
　　自捕得及他人捕得，若囚已死及自首，各減一等。

【疏】議：

　　主守者，謂專當守囚之人、典獄之類。……「監當之官」，謂檢校專
　　知囚者。即當直官人在直時，其判官準令合還，而失囚者，罪在當
　　直之官。「各減主守三等」，謂減囚罪五等；……〔註45〕

唐律失囚以直接主守人承擔罪責，若是監當官員縱囚，則由縱囚者受罰。例
中獄吏為主守，在不知道尉是主謀的前提下，由獄吏承擔罪刑，身為尉的官
長可減獄吏三等，又因囚犯罪名未決，府司「譴罰而已」是合法的處理。然
而尉的行事動機卻值得商議，囚的身份是嫌犯，尚未定罪，尉身為執法人員，
如果相信嫌犯清白無辜，何以沒有選擇依法解決，卻採用非法的縱囚？還導
致獄吏必須棄職逃亡，牽連無辜；再者，如此看似不合理的做法卻為社會大
眾所接受，更值得關注。

　　再以同為縱囚的裴鉶《傳奇》「張雲容」事為例：

　　薛昭者，唐元和末為平陸尉，以氣義自負，常慕郭代公、李北海之
　　為人。因夜直宿，囚有為母復仇殺人者，與金而逸之。故縣聞於廉
　　使，廉使奏之，坐謫為民於海東。敕下之日，不問家產，但荷銀鐺
　　而去。有客田山叟者，或云數百歲矣，素與昭洽，乃貰酒攔道而飲
　　餞之，謂昭曰：「君義士也，脫人之禍，而自當之，真荊、聶之儔也，
　　吾請從子」。……〔註46〕

〔註44〕《唐律疏議》，卷二十八，〈捕亡〉，「被囚禁拒捍走」（總465），頁537。
〔註45〕《唐律疏議》，卷二十八，〈捕亡〉，「主守不覺失囚」（總466），頁538～539。
〔註46〕《太平廣記》，卷六十九，〈女仙〉，引裴鉶《傳奇》「張雲容」，頁429。

薛昭釋放爲母復仇的囚犯，受到法律制裁，卻被視爲合乎正義，縱囚合理性基於社會對「爲母復仇」的肯定。更舉一例，據《雲溪友議》和《唐語林》記載，李翺任官盧江時，有大辟囚懇請死前一展長技，李翺聞其嘯聲清音上徹，謂：「不謂蘇門之風，出于赭衣之下」，遂蠲其罪。又鎮山南地，夜間聆聞重囚長笛之音，瀏亮淒切，召囚曰：「汝之吹竹已得其能，少不事農桑，可爲伶人耳」，憫而令之奔去。〔註47〕這些因素與囚犯的罪行沒有關係，純粹是有心故縱。李翺以博通儒學聞名，德宗貞元十四年（798）登進士第，授校書郎，遷京兆府司錄參軍，敬宗寶曆元年（825）因求知制誥，面數宰相李逢吉過失，出爲盧州刺史，文宗大和九年（835）八月檢校禮部尙書，充山南東道節度使，當爲上述二事發生之時。〔註48〕

　　法律表現了一定程度的正義觀，人民必須相信法律中「犯者受罰」的合理性，法律才有可能持續運作。然而，無論是畿尉、薛昭感於犯人之情，或是李翺的有心故縱，都爲社會輿論所接受，其中除了視「縱囚」爲一種仁慈的善行之外，也包含大眾對法律或司法運作過程信任度的不足。

　　與「縱囚」類似的還有「匿囚」，《獨異志》記唐大曆中，萬年尉侯彝曾匿國賊，御史推鞫，酷刑加身亦不言賊所在，被稱爲義行。〔註49〕房光庭任俠不拘小節，擔任尙書郎時，友人薛昭被流放，逃歸光庭，光庭匿藏，事敗，御史逼脅，光庭恐懼，求見宰相，宰相問：「公郎官，何爲匿此人」？光庭答：「與薛昭有舊，以途窮而歸光庭，且所犯非大，故得不納之耶？若擒以送官，居廟堂者復何以待光庭」？宰相稱義。〔註50〕房光庭兩唐書無傳，曾任右臺御史、神龍年間考功員外郎。〔註51〕薛昭犯罪不明，但依唐代刑罰，流刑只低於死刑一等，房光庭謂「所犯非大」可能並不確實；再者，處以流刑私自逃亡，罪上加罪，何謂非大？唐律云：

　　　　諸流徒囚，役限内而亡者，一日笞四十，三日加一等；過杖一百，

〔註47〕《唐語林校證》，卷四，「李尙書翺」，頁336。
〔註48〕《舊唐書》，卷一百六十，〈李翺傳〉，頁4205～4209。卷十七上，〈敬宗本紀〉，「寶曆元年春正月」條，頁514。卷十七下，〈文宗本紀〉，「大和九年八月甲戌朔」條，頁559。
〔註49〕（唐）李冗撰，張永欽、侯志明點校，《獨異志》（北京：中華書局，1983），卷上，「侯彝俠義」，頁27。
〔註50〕《大唐新語》，卷七，〈識量〉，頁102。《太平廣記》，卷四百九十四，〈雜錄〉，原闕出處，陳校本作引《御史臺記》「房光庭」，頁4053。
〔註51〕《唐語林校證》，卷八，頁719。

五日加一等。

注：

犯流、徒應配及移鄉人，未到配所而亡者，亦同。

【疏】議：

「流、徒囚」，謂或流或徒者。各其在役限內而亡者，……〔註52〕

流、徒囚逃亡以日計刑，逃亡一個月以上可入流刑或死刑，刑罰不可謂不重。至於收留、藏匿犯人，律云：

諸知情藏匿罪人，若過致資給，令得隱避者，各減罪人罪一等。

注：

謂事發被追及亡叛之類。……藏匿無日限，過致資給亦同。

【疏】議：

「知情藏匿」，謂知罪人之情，主人爲相藏隱。過致資給者，謂指授道途，送過險處，助其運致，并資給衣糧，遂使凶人潛隱他所。……「及亡叛之類」，謂逃亡或叛國，雖未追攝，行即可知。過致資給，令隱避者，減罪人罪一等，合流三千里之類。稱「之類」者，或有亡命山澤，不從追喚，皆是。……藏匿無限日者，謂不限日之多少，但藏匿即坐。過致資給亦同，無日限。〔註53〕

收留或幫助逃犯，罪減逃犯一等，刑責也不輕。然而房光庭表示爲了助濟朋友，即使觸犯國家法律也在所不惜，因爲這不僅是個人私情與公法的抉擇，更重要的是社會評價，所以房光庭聲言若不匿友「居廟堂者何以待光庭」？果然獲得宰相肯定。

在前例中，侯彝和匿賊是否有舊誼不得而知，但他堅持違法匿囚受到社會肯定；後例牽涉私人情誼，與前面單純的縱、匿囚又不相同。房光庭雖然因爲匿囚違法遭罪，卻獲得上至朝臣，下至民眾的肯定；相反的，如果他嚴守法律，大義滅親，將朋友捆縛送官，將被視爲賣友求榮，表現唐人道德觀與守法觀的衝突，而且在此情況下，獲得普遍認同的選擇是忠於私誼，而非遵守法律。

回到原例，〈義俠〉與〈樑上刺客〉均描述刺客行刺時，無意中發現刺殺對象爲雇主恩人，雇主不僅不思回報，還欲加害恩主，刺客遂反殺雇主，被

〔註52〕《唐律疏議》，卷二十八，〈捕亡〉，「流徒囚役限內亡」（總459），頁533。
〔註53〕《唐律疏議》，卷二十八，〈捕亡〉，「知情藏匿罪人」（總468），頁540～541。

稱爲「義」。計謀殺人未傷，依律犯者不需處死，兩刺客與張師政、紇干承基一樣，謀而未傷，雇主只須徒三年，刺客身爲從犯，罪責可減謀主一等。但是大眾不將刺客與雇主視爲一丘之貉，反而認爲刺客回頭殺害雇主合於正義，刺客對雇主「忘恩負義」行爲的懲罰正義，不僅超過刺客第一次殺人行動中「謀殺未傷」之惡，甚至涵括了反殺雇主中「故殺殺訖」的罪責，社會對於「忘恩負義」的撻伐，使普遍正義觀與法律規定形成落差。

〈聶隱娘〉是另一個受恩殺人的例子，引自《傳奇》。作者裴鉶，生卒年不詳，兩唐書無傳，《全唐文》卷八〇五有裴鉶〈天威徑新鑿海陳派碑〉，作於懿宗咸通九年（868），〔註54〕《唐詩紀事》卷六十七載僖宗乾符五年（878），裴鉶以御史大夫爲成都節度副使。〔註55〕根據王夢鷗考證，自咸通初年開始，裴鉶長期擔任高駢幕客，任職成都節度副使亦由此，兩人同好仙道思維在《傳奇》一書中表露無遺。〔註56〕

〈聶隱娘〉與另一著名小說〈紅線〉背景相似，一般認爲兩篇都是反映唐代後期藩鎮混戰的作品。藩鎮豢養各類能士，包含盜賊、刺客之流，消滅異己，鞏固勢力，最著名的就是憲宗朝淄青節度使李師道刺殺宰相武元衡身亡一案。〈聶隱娘〉的風行一方面在於隱娘遭遇奇特，武藝神妙；一方面是隱娘能「被識」，也有識主之明。隱娘原於魏帥左右，奉命刺殺陳許節度使劉昌裔，隱娘知劉神算，又能夠「慧眼識英雌」，見知隱娘不凡，遂背棄魏帥效命劉昌裔，還爲新主殺害舊屬同事。

劉昌裔兩唐書有傳，德宗貞元十九年（803）任陳許節度使，憲宗元和八年（813）受詔入京未成，返家而卒，〔註57〕與〈聶隱娘〉所述相符。隱娘變節本於劉昌裔能力不俗，又能識人，更甚原主一籌，如果對照司馬遷在〈刺客列傳〉中稱許的荊軻與聶政，隱娘行爲可謂背主投敵，不忠不義。再看情節相似的例 8〈李龜壽〉，李龜壽受命刺殺宰相白敏中，見敏中正直無懼，立刻背棄舊託，轉投敏中門下，與《史記·刺客列傳》中雖感襄子之賢，仍執

〔註54〕（清）董誥等編，孫映逵等點校，《全唐文》（太原：山西教育，2002），卷八百五，頁 4983～4984。

〔註55〕（宋）計有功撰，《唐詩紀事》（上海：上海古籍，1965），卷六十七，〈裴鉶〉，頁 1011。

〔註56〕王夢鷗，《唐人小說研究：纂異記與傳奇校釋》（台北：藝文印書館，1997），〈傳奇校補考釋〉，「作者生平考略」，頁 77～85。

〔註57〕《舊唐書》，卷一百一，〈劉昌裔傳〉，頁 4057。《新唐書》，卷一百七十，〈劉昌裔傳〉，頁 5166～5167。

意忠於智伯之事的豫讓形成對比。漢代刺客恩主之義，唐人有了不同的價值判斷，若說張師政、紇干承基刺殺失敗是基於公理正義，那麼隱娘背主就純粹是出於私人考量，然而兩者均為社會認同，顯示漢唐道德觀的時代差異。

聶隱娘學藝時曾受尼指使手刃數人，以其非本心殺人，是為謀殺罪的從犯（從而行者）。後來受命行刺劉昌裔，雖未下手而轉投門下，又反殺魏帥殺手精精兒，化屍為水，連犯「謀殺人」與「殘害死屍」二罪。這種能將屍體化為無形的藥水，文中曾經兩次提及，可能並非虛構。〔註 58〕化屍為水是完全毀壞亡者遺體，法律責任應比同唐律「殘害死屍」中的焚燒屍體，刑責為僅次於死刑的流三千里。〔註 59〕

隱娘連犯數件重罪，形象卻十分正面，與作者的型塑有很大關係。首先，唐代門第觀念頗重，隱娘出身魏博大將之女，又受到神尼的賞識，傳授奇技，這些書寫都有提高隱娘身份的效果。其次，學藝所殺之人皆本於為民除害的理由，尼每命隱娘刺人前必先「一一數其過」，殺某大僚時指其「無故害人若干」，都在加強隱娘殺人行為的道德性。從另一個角度看，作者能夠透過這樣的書寫建立隱娘的正面形象，顯示社會普遍認同經由民間私力（而非官方公權力）殺害惡人是一項合理的、正義的舉措。最後，隱娘殺害刺客精精兒除自保外，更重要的理由是保護劉昌裔，畢竟魏帥派人殺害背叛者稱不上不正義，隱娘純然為了保衛自己而反擊也稱不上正義，但若加上回報劉昌裔賞識之恩，社會觀感就大大不同了。這種對於「識人之恩」的重視也可以從隱娘歸隱山林後，逢劉昌裔病故，還得特地「鞭驢而一至京師柩前，慟哭而去」得到印證。〔註 60〕隱娘行為顯示社會普遍價值中，對於還報賞識之恩的重視已經超過殺人毀屍等違法行為的惡性。

〈無雙傳〉作者薛調，生於文宗大和四年（830），宣宗大中八年（854）進士，懿宗咸通元年（860）任右拾遺內供奉，十一年（870）以駕部員外郎加駕部郎中充翰林學士，十二年（871）加知制誥，隔年暴卒，贈戶部侍郎。〔註 61〕〈無雙傳〉敘述王仙客與表妹劉無雙情投意合，無雙因罪沒入掖庭，

〔註 58〕龔鵬程認為是從域外傳來類似無機酸類的物質。龔鵬程，《大俠──俠的精神文化史論》，〈唐代的俠與劍俠〉，頁 109。

〔註 59〕律文詳見第三章注 199。

〔註 60〕唐人重視伯樂之恩可以憲宗朝宰相崔群認為在春闈拔擢的士子能比「美莊良田」，保後生無憂的說法為例。例詳見《獨異志》，卷下，「崔群莊田」，頁 59。

〔註 61〕《資治通鑑》，卷二百五十，〈唐紀 懿宗上〉，「咸通元年五月壬申」，頁 8087。

仙客求助於富平縣押衙古洪，古洪遣使求藥，令無雙服用，使無雙得因假死脫離宮闈，與仙客共結連理。事成之後，古洪恐仙客夫妻因事洩罹禍，殺知情者數人，亦自刎而死，仙客與無雙遂得安度餘生。古洪爲報仙客之恩，爲其謀事，同樣是典型的「報恩殺人」，仙客爲了籠絡古洪而刻意施恩的情節與〈刺客列傳〉中的形式十分相像，文曰：

> 仙客造謁，見古生。生所願，必力致之，繒綵寶玉之贈，不可勝紀。
> 一年未開口，秩滿，閒居於縣。古生忽來，謂仙客曰：「洪一武夫，
> 年且老，何所用？郎君於某竭分，察郎君之意，將有求於老夫。老
> 夫乃一片有心人也。感郎君之深恩，願粉身以答効。」〔註62〕

王仙客贈古洪財物，意在所求，古洪也十分清楚，只不過受人之惠，知恩還報已經是一種理所當然的公理，所以古洪仍竭力爲仙客謀事，甚至冤殺無辜者數人。古洪爲了報恩不惜殺人，但他的行爲卻獲得肯定，被視爲「義士」，可見在本案中，社會大眾對於「報恩」的認同超過連續殺人所表現的惡性，尤其是古洪最後爲了保守秘密，不惜自我了斷，以生命爲償向來被視爲是報恩的終極表現，更加強了古洪行爲的正面意義。

二、仗義

仗義殺人指殺爲不義之事者，而且殺人者本身並非不義行爲的受害人。仗義殺人被視爲正義的舉動，是俠者最受人讚賞的行爲之一，呼之爲「替天行道」，表中例5、6、10、11均屬之，5、6兩例已於前述中論及。例10〈馮燕傳〉，作者沈亞之，字下賢，憲宗元和十年（815）進士，擔任涇原李彙的書記，長慶四年（824）遷福建都團練副使，轉殿中丞御史內供奉，文宗太和三年（829）因柏耆事貶爲南康尉，不久終於郢州。沈氏是當時公認的才子，以文詞著稱，包括本文在內等許多作品都廣爲流行，〔註63〕本文另配有〈馮燕歌〉以供傳誦。〈馮燕歌〉下著司空圖，南宋彭叔夏考證爲沈亞之作，司空圖集，也有說是司空圖作。司空圖爲唐懿宗咸通末年進士，以介潔能詩

（宋）洪遵著，《翰苑群書》，收入《景印文淵閣四庫全書》，第五百九十五冊，卷六，「咸通後三十二人」，頁372。《唐語林校證》，卷四，〈容止〉，「薛調、李瓚」條，頁50。

〔註62〕《太平廣記》，卷四百八十六，〈無雙傳〉，頁4004。

〔註63〕（元）辛文房著，傅璇琮主編，《唐才子傳校箋》（北京：中華書局，2002），卷六，「沈亞之」，頁86～93。王夢鷗，《唐人小說研究二集》（台北：藝文印書館，1973），〈沈亞之生平及其作品〉，頁97～106。

聞名。〔註64〕

　　許多學者相信〈馮燕傳〉為真人真事，〔註65〕有人卻以為這是沈亞之改編最多的作品，藉以展現寫作技巧並討好賈耽的部下或同僚，達到有利仕途的目的。〔註66〕無論是真有其事或是刻意而作，〈馮燕傳〉的成功是有目共睹的，〔註67〕除了敘寫精采，也表示故事中所蘊含的價值深得民心。為了討論方便，茲將〈馮燕傳〉全文摘錄如下：

　　馮燕者，魏豪人，父祖無聞名。燕少，以意氣任，專為擊毬鬥雞戲。魏市有爭財鬥者，燕聞之，往搏殺不平，遂沉匿田間。官捕急，遂亡滑。益與滑軍中少年雞毬相得。相國賈公躭鎮滑，燕才，留屬中軍。他日出行里中，見戶傍婦人翳袖而望者，色甚冶，使人熟其意，遂室之。其夫滑將張嬰者也。嬰聞其故，累毆妻，妻黨皆怨望嬰。會嬰從其類飲，燕伺得間，復偃寢中，拒寢戶。嬰還，妻開戶納嬰，以裾蔽燕。燕卑脊步就蔽，轉匿戶扇後，而巾墮枕下，與佩刀近。嬰醉且暝，燕指巾令其妻取。妻取刀授燕，燕熟視，斷其妻頸，遂持巾去。明旦嬰起，見妻殺死，愕然，欲出自白。嬰鄰以為真嬰殺，留縛之，趣告妻黨，皆來曰：「常嫉毆吾女，迺誣以過失，今復賊殺之矣。安得他殺？事即其他殺安得獨全耶？」共持嬰且百餘笞，遂不能言。官家收繫殺人罪，莫有辨者，強伏其辜。司法官與小吏持朴者數十人，將嬰就市，看者圍面千餘人。有一人排看者來，呼曰：「且無令不辜死者！吾竊其妻而又殺之，當繫我。」吏執自言人，乃燕也。司法官與俱見賈公，盡以狀聞。對賈公以狀，請歸其印，以贖燕死。上誼之，下詔：「凡滑城死罪皆免」。讚曰：「余尚太史言而又好敘誼事。其賓黨耳目之所聞見而為余道。元和中，外郎劉元

〔註64〕　《新唐書》，卷一百九十四，〈卓行〉，「司空圖」，頁5573〜5574。

〔註65〕　汪辟疆校錄，《唐人小說》（上海：上海古籍，1988），〈馮燕傳〉，頁199。李劍國，《唐五代志怪傳奇敘錄》（天津：南開大學，1993），〈馮燕傳〉，頁407〜409。

〔註66〕　（美）倪豪士，〈唐傳奇中的創造和故事講述：沈亞之的傳奇作品〉，收於氏著，《傳記與小說——唐代文學比較論集》（北京：中華書局，2007），頁223〜224。

〔註67〕　僅唐一代所蒐列類似馮燕事者，就有六則之多，流行之廣可見一斑；此外，宋、元、明、清都有類似作品出現，馮燕母題一再被模仿改寫，正顯示文中所隱含的道德價值不僅適用於唐代社會，還具有跨時代的性質。見李劍國，《唐五代志怪傳奇敘錄》，〈馮燕傳〉，頁409。

鼎語以馮燕事，得傳焉。嗚呼！滔惑之心，有甚水火，可不畏哉！
然而燕殺不義，白不辜，眞古豪矣。」〔註68〕

馮燕第一次殺人原因不明，只說「搏殺不平」，與隱娘學藝時殺人一樣，作者都以被殺者不義來強調殺人行爲的合理性與道德性。事發之後，馮燕爲了逃避刑責，離開本所，又加犯亡罪。〔註69〕到了滑州，馮燕受到賈耽賞識收留，《舊唐書‧賈耽傳》載德宗貞元二年（786），賈耽擔任檢校右僕射兼滑州刺史、義成軍節度使，應該是指這個時期。〔註70〕馮燕初遇張嬰妻，文中描述張妻「翳袖而望」，表示這段情事的發起是來自張妻有意勾引。唐律有夫之婦與人和姦，男女雙方刑責相同，均徒兩年，〔註71〕然而作者點出張妻主動示意的動作，有助於減輕大眾對馮燕觸犯通姦罪所產生的厭惡感，卻也加重了張妻的「不義」。

案發當日，張嬰外出與朋友會飲，馮燕伺機到房中與張妻私會，嬰酒醉復歸就寢，燕逃走不及，受張妻掩護，匿於房中，不料巾誤墜於配刀旁，燕指巾欲取，張妻卻授刀與燕，燕乃反殺張妻而去。沈亞之僅描繪人物外在行爲，內心動機付之闕如，參考〈馮燕歌〉有助於我們理解時人對馮燕殺張妻之意的解釋。歌云：

馮君撫劍即持疑，自顧平生心不欺。爾能負彼必相負，假手他人復
在誰。窗間紅艷猶可掬，孰視花鈿情不足。唯將大義斷胸襟，粉頸
初廻如切玉。〔註72〕

可見馮燕殺張妻有兩層考量，在道德公理上，妻欲殺夫爲不義，理應受罰；其次，爲了個人安危著想，張妻今日能背叛丈夫，將來可能也會背叛自己，與其日後遭張妻背叛，不如先下手爲強。

馮燕行爲受到社會高度評價，作者點明原因在於「殺不義，白不辜」。「不義」指張妻與外人姦通，又欲殺親夫，尤其是著眼於張妻「欲殺夫」的意圖，違反了「夫爲妻天」的倫理關係。馮燕雖非奉公守法的良民，甚至還私通有夫之婦，破壞婚姻，但顯然夫妻之間的綱常觀念仍深植於他的內心，通姦是

〔註68〕（唐）沈亞之撰，魯迅輯校，《沈下賢文集》（上海：上海古籍，1986），卷四，〈雜著〉，「馮燕傳」，頁78～80。

〔註69〕《唐律疏議》，卷二十八，〈捕亡〉，「丁夫雜匠亡」（總461），頁534～535。

〔註70〕《舊唐書》，卷一百三十八，〈賈耽傳〉，頁3783。

〔註71〕律文出處見第三章註192。

〔註72〕《文苑英華》，〈雜歌中〉，「馮燕歌」，頁1798。

一回事，助妻殺夫又是另一回事，所以他不願成為殺夫的共犯，也不顧張妻維護他的情義，毅然殺人。馮燕殺張妻以維護尊卑倫理為出發點，本於對夫妻倫理的看重，其餘的犯罪行為都因此「義行」而被原諒，包括之前的犯罪逃亡、和姦與殺人，使他從罪行深重的累犯，搖身一變成為受人肯定的義士。〔註73〕顯示社會普遍以為婦欲殺夫不僅是律文規定的極惡犯罪，其行為惡性已然深入民心，「人人得而誅之」，懲罰（殺害）這類行為人的道德意義超過法律價值，即使不由政府之力，不經法律程序，仍然受到社會認同，雖符合政府強調的家庭倫理，卻顯然背離國家制訂法律之意。

　　馮燕受到肯定的另一個因素是「白不辜」——自首挽救被冤枉的張嬰，避免冤案的發生。唐律對自首的規定是：

> 諸犯罪未發而自首者，原其罪。……其於人損傷，於物不可備償，
> 即事發逃亡，若越度關及姦，并私習天文者，並不在自首之例。

「即事發逃亡」下注：

> 雖不得首所犯之罪，得減逃亡之坐。

【疏】議：

> 過而不改，斯成過矣。今能改過，來首其罪，皆合得原。若有文牒
> 言告，官司判令三審，牒雖未入曹局，即是其事已彰，雖欲自新，
> 不得成首。……損，謂損人身體，傷，謂見血為傷。雖部曲奴婢傷
> 損，亦同良人例。〔註74〕

唐律自首必須在犯罪未發之前，只要有人告發，無論案件是否進入司法程序，都不能依自首律減罪，何況馮燕於張嬰行刑時才自首，顯然超過時限。其次，犯罪行為已經造成他人身體損傷（見血即是），或是像姦等不可回復的罪行，自首亦不得減，傷部曲奴婢，視同凡人。馮燕所犯的和姦與故殺人兩罪，依法均不在自首減刑之列，但是民眾卻十分讚揚，認為他「勇於認錯」、「捨身取義」，有付出生命的自覺，符合「勇」的精神，罪刑值得被寬宥，這樣的價值觀顯然也與法律規定不合。

　　賈耽替馮燕上請減罪，成為〈馮燕傳〉中另一個受到推崇的角色，因此

〔註73〕黃美玲從性別意識的角度出發，認為社會對馮燕的謳歌是基於他維護了男性中心的價值觀，同時批判婚外情中的女性。見黃美玲，〈《馮燕傳》、〈馮燕歌〉、〈水調七遍〉對馮燕的謳歌——男性中心層級分明的道德體系呈現〉，《漢學研究》24：2（2006），頁171～190。

〔註74〕《唐律疏議》，卷五，〈名例〉，「犯罪未發自首」（總37），頁101、頁105～106。

有人懷疑沈亞之創作動機是爲了討好賈耽親友，亦十分合理。身爲官員代表的賈耽與作者本身，對於馮燕犯案的觀感與社會輿論一致，認爲其所表現的道德意義値得肯定，所以賈耽自願以官位抵替馮燕的罪刑。唐代官員犯律可以「以官當罪」，親屬犯罪得享次一級的減、贖待遇，但對象限於官員自身與直系近親，刑責僅限流以下罪。律云：

> 諸七品以上之官及官爵得請者之祖父母、父母、兄弟、姊妹、妻、
> 子孫犯流罪以下，各從減一等之例。〔註75〕

> 諸應議、請、減及九品以上之官，若官品得減者之祖父母、父母、
> 妻、子孫犯流罪以下，聽贖；〔註76〕

賈耽與馮燕無血緣關係，且馮燕犯死罪，按律不在減贖範圍內，所以皇帝並未同意賈耽的請求，而是採取赦免。

　　皇帝、中央政府對於刑事案件的考量比一般民眾來的複雜，除了基本的情、理之外，還會受到政治環境、政府政策、皇權統治等因素左右。本案案主馮燕屢次犯律，可謂目無王法、藐視公權力，自首也是爲了拯救無辜的張嬰，而非出於接受法律制裁的自覺。這種人本來應該是法律懲治的首要對象，爲了鞏固政權，維護社會秩序，有「殺雞儆猴」的必要性。但是馮燕殺害張妻卻彰顯了基本倫常精神，「君臣、父子、夫婦」三綱本爲一體，其中的忠誠關係是立國基礎，而且馮燕已經得到社會與官員的普遍支持，依法治罪可能造成人心不平，傷害政府形象，甚至打擊忠臣孝子之心，所以皇帝採取「凡滑城死罪皆免」的手段，一方面達到安撫民心，彰顯倫理的效果；一方面透過普遍恩赦而非個案特赦的手段點明法律效力，同樣能展現政府對違法行爲的懲罰之意。

　　最後檢視本案司法審判的表現，張妻案發後，眾人普遍視張嬰爲殺人兇手，理由有三：第一、張嬰與妻同處案發現場，凶器又爲嬰所有。第二、張妻家屬舉證嬰平時經常毆打妻子，再推爲過失，如今復行殺害，矢口否認同樣是脫罪之詞。第三、若是外人所爲，張嬰同處一室，何故只殺張妻不殺嬰？檢視三項論點，第一、三點是構成懷疑張嬰的合理依據，加上張嬰處於凶案現場卻一無所知，無言自辯，不免令人覺得匪夷所思。第二點以平時經常毆打妻子推論張嬰殺妻，從現代眼光來看，或許邏輯上的必然性有商榷空間，不過判定一項行爲是否成立時，人們通常會不由自主地依賴主觀印象，傳統

〔註75〕《唐律疏議》，卷二，〈名例〉，「七品以上之官（減章）」（總10），頁34。
〔註76〕《唐律疏議》，卷二，〈名例〉，「應議請減（贖章）」（總11），頁34。

「熟人社會」這種力量更爲強大。如果我們不考慮審理官員是否有不法之處（也看不出有什麼不法之處），僅就上述三項理由而言，張嬰既有動機，又爲凶器持有人，平素還累有毆妻、推諉強辯等行爲，被視爲殺人犯是十分「理所當然」的結果，官員的判決與其說是個人裁定，不如說是眾人的共識。追根究底，造成冤錯的原因是證據，屬於技術問題，而非任何人的主觀意圖，在現實條件制約下，某些審判錯誤的發生有其必然性，〔註77〕但是對社會大眾而言，若非馮燕自首，判決失誤將導致人命枉死，其中呈現的是政府司法程序實際上無法保障判決的眞實性與公正性，這對民眾的司法信心無疑是一項沉重的打擊。

　　例 11〈荊十三娘〉講述進士趙中行於蘇州寺院偶遇爲亡夫設齋的女商荊十三娘，兩人偕歸揚州。趙中行友李正郎弟三十九愛一妓，遭妓之父母奪與諸葛殷，諸葛殷倚仗高駢勢，肆行威福，李生唯有懼禍飲泣而已。十三娘聞事憤惋，殺妓父母，奪妓歸李生，事後與趙中行入浙，不知所終。

　　據《舊唐書・高駢傳》記載，高駢於僖宗乾符六年（879）任淮南節度副大使知節度事，始鎮揚州，諸葛殷等以方術致寵，累遷劇職，威勢日盛，其餘賓佐罕見其面，該事應屬此時。〔註78〕文中敘述妓「爲其父母奪與諸葛殷」，若予諸葛殷爲妻妾，妓之父母並未違法。唐律規定子女婚姻權掌握於父母手中，卑幼若不依尊長，自行爲婚，視同違犯教令，才應受罰。〔註79〕次一層爲諸葛殷家妓，也未觸犯法律。〔註80〕若再低一層以女爲婢，依唐律「略賣期親以下卑幼」：

　　　　諸略賣期親以下卑幼爲奴婢者，並同鬪毆殺法；即和賣者，各減一
　　　　等。其賣餘親者，各從凡人和略法。

【疏】議：

〔註77〕蘇力以竇娥判決爲例，對古代刑案判決中證據的「證明力」有相關討論，〈馮燕傳〉中的官員也陷入了同樣的審判問題。參見蘇力，《法律與文學──以中國傳統戲劇爲材料》（台北：元照，2006），第三章，〈竇娥的悲劇〉，頁 137～143。

〔註78〕《舊唐書》，卷一百八十二，〈高駢傳〉，頁 4704、頁 4710～4711。

〔註79〕唐律規定若卑幼在外，尊長爲之定婚，卑幼不知，自行定婚，已成者婚如法，未成者須從尊長，是僅對卑幼在外已婚，考慮到不使其妻喪失名分而做出的通融，婚姻決定權操之於尊長之意甚明。見《唐律疏議》，卷十四，〈戶婚〉，「卑幼自娶妻」（總 188），頁 267。

〔註80〕家妓的地位由於欠缺有力史料，很難確定，比較普遍的看法是大約介於妾和私奴婢之間。見鄭志敏，《細說唐妓》（台北：文津，1997），頁 44～45。

期親以下卑幼者,謂弟、妹、子、孫及兄弟之子孫、外孫、子孫
之婦及從父弟、妹,並謂本條殺不至死者。……賣子孫爲奴婢徒
一年半之類。故云「各同鬬毆殺法」。……和賣子孫,徒一年之類。
〔註81〕

即使是最惡劣的賣女爲婢,刑責最重僅徒一年半。荊十三娘以妓之父母趨炎附
勢,不顧女兒幸福,是爲不義,遂手刃妓父母,奪妓歸李生,這樣不但犯了故
殺二人的死罪,還加上「和誘人」罪,依唐律規定須徒二年半。〔註82〕

　　本案如依循司法處理,一則諸葛殷勢大,勝算渺茫不論,還可能引來殺身
破家之禍;二則按照法律對家長權力的保護,該妓很難擺脫父母控制,顯然無
法達到大家希望的結果。妓之父母不顧女兒幸福,不義在先,十三娘是仗義相
助,以社會觀感而論,十三娘雖然犯了殺人、和誘人兩罪,但她的犯意是出於
對妓之父母不義的批判,行爲的道德寓意超過法律價值,而且比採取司法處置
更直接有效,這種看法除了反應民眾對惡宦的厭惡之外,還有對這類不義父母
的譴責,尤其是就父母惡意操控子女而言,法律所能展現的制裁力是非常薄弱
的。與第三章提到的奴婢對主、妾對夫、妻的冤魂復仇事例常見一致,法律在
維護家內倫理的前提之下,對卑幼身心的保護力十分有限,這種不正義的情況
於現實生活中無法透過國家法律程序獲得平反,所以民眾只能藉助體制外的手
段或是另一個世界的力量來表達對正義以及司法不足的渴求。

三、復仇

　　例 12〈賈人妻〉、例 13〈崔愼思妾〉、例 14〈蜀婦人〉、例 15〈妾報父冤〉
四文雷同,都是講述女子復仇後,殺子別夫而去的故事,類似情節重複出現,
顯示這個主題流傳廣泛,與例 16〈謝小娥〉一樣,都是表現復仇正義。私人
復仇與國家權力抵觸,秦漢以後,官方屢次頒令禁止;與此相對,復仇在民
間卻一直被認爲合於社會道德。學者指出,復仇是人類的生物本能,演化過
程中具有復仇因子的人擁有較強的生存優勢,遂逐漸成爲一種生物特質。政
府爲了維護社會秩序,一直企圖利用公共機制來代替私人復仇;從個體或家
族角度出發,考量復仇行爲的損益,替代機制的產生也是必然的結果。〔註83〕

〔註81〕《唐律疏議》,卷二十,〈賊盜〉,「略賣期親以下卑幼」(總294),頁372～373。
〔註82〕《唐律疏議》,卷二十,〈賊盜〉,「略人略賣人」(總292),頁369～370。
〔註83〕隨著復仇行爲不斷精緻化,所引發的成本問題也愈來愈嚴重,有鑑於此,人
　　　　的理性轉而傾向接受一套更好的、公開公正的方式來解決糾紛,這就是法律。

　　理論上採行替代機制是合理的選擇，現實中是否選用還會受到其他因素左右，包括替代機制的有效性，也就是能否達到當事人預期的效果，還有社會價值觀的影響。人是群體的動物，許多行為經常取決於大眾觀點，選擇採取社會評價高的作法，所帶來的附加利益也會比較大。此外，替代機制是一種制度，它也許合於利害考量，卻無法完全解決復仇的情感問題。

　　為了討論方便，筆者將唐代復仇殺人事例整理成下表：

表12　唐代復仇殺人事例表

	對　象	案　由	結果、評價	出　處
1	為兄	高季輔兄元道為汲縣令，武德初，縣人翻城從賊，元道被害，季輔率黨人出鬥，擒殺兄者斬之，持首祭墓。	甚為士友所稱，由是羣盜多歸附之，眾至數千。	《舊唐書》七八
2	為父	王君操，父隋大業中與鄉人李君則鬩競，因被毆殺。母劉氏告縣收捕，君則棄家亡命，追訪數年不獲。貞觀初，君則自以世代遷革，不慮國刑，又見君操孤微，謂其無復讐之志，遂詣州府自首，君操密袖白刃刺殺之，剖腹取其心肝食盡。	詣刺史具自陳告。州司據法處死，列上其狀，太宗特詔原免。	《舊唐書》一八八
3	為父	王世充因獨孤武都、獨孤機有反叛降唐之意，殺之。後世充歸唐，獨孤機之子與定州刺史獨孤修德率兄弟矯稱敕呼鄭王世充與兄世惲，殺之。	詔免修德官	《資治通鑑》一八七、一八九
4	為父	衛無忌，父為鄉人衛長則所殺，母改嫁，無兄弟。及長，無忌以磚擊殺常則。	詣吏稱父讐既報，請就刑戮。褚遂良以聞，太宗嘉其孝烈，特令免罪，給傳乘，徙於雍州，并給田宅，令州縣以禮嫁之。	《舊唐書》一九三

相關論述參見（美）理查・波斯納著，李國慶譯，《法律與文學》（北京：中國政法大學，2002），第二章，〈作為法律原型和文學類型的復仇〉，頁63～73。蘇力，《法律與文學——以中國傳統戲劇為材料》，第二章，〈復仇與法律——以《趙氏孤兒大報仇》為例〉，頁73～77。

5	爲父	賈氏年十五，父爲宗人玄基所害，其弟強仁年幼，賈氏撫育之，誓以不嫁。及強仁成童，共思報復，乃俟玄基殺之，取其心肝祭父墓。	遣強仁自列於縣司。斷以極刑，賈氏詣闕自陳，請代強仁死。高宗哀之，特下制賈氏及強仁免罪，移家洛陽。	《舊唐書》一九三
6	爲父	周（同蹄）智壽，其父永徽初被族人安吉所害，智壽及弟智爽候安吉於途，擊殺之。	兄弟相率歸罪於縣，爭爲謀首。官司數年不能決，鄉人或證智爽先謀，伏誅。智壽頓絕衢路，流血遍體，又收智爽屍，舐取智爽血，食之皆盡，見者莫不傷焉。	《舊唐書》一八八《新唐書》一九五作「同蹄智壽」
7	爲父	高宗時，趙師舉父爲人殺，師舉幼，母改嫁，仇家不疑，師舉長爲傭。夜讀書，手殺讎人。	詣官自陳，帝原之。	《新唐書》一九五
8	爲父	武周則天徙曹王明於黔，乾府都督謝祐恐嚇曹王，王自殺，王子遣刺客殺祐，漆祐頭，題謝祐，以爲穢器。	未發，無罪。	《朝野僉載》二《舊唐書》七六
9	爲父	武后時，徐元慶父爽爲縣尉趙師韞所殺，元慶變姓名爲驛家保。久之，師韞以御史舍亭下，元慶手殺之。	自囚詣官。后欲赦死，左拾遺陳子昂議依法處死，表旌閭墓，時美其言。後爲柳宗元駁斥。	《新唐書》一九五
10	爲父	司馬周季重與員外司戶郭若訥共搆杜審言繫獄，將因事殺之。審言子并，年十三，密懷刃刺季重，季重中刃而死。	并亦見害。審言由是免官歸東都，自爲祭文祭并。士友咸哀并孝烈，蘇頲爲墓誌，劉允濟爲祭文。則天召見審言，甚加歎異，累遷膳部。	《大唐新語》五《新唐書》二〇一
11	爲父	張琇父審素爲人誣告，總管反殺誣告者，並圍監察御史楊汪，脅汪奏雪審素罪。汪還，奏稱審素謀反成罪，斬之。琇與兄瑝以年幼坐徙嶺外，尋各逃歸。開元二十三年（735），瑝、琇殺汪，繫表於斧刃，自言報讎之狀。	追殺與汪同謀搆父罪者，未成被捕。都城士女、中書令張九齡等皆矜其幼稚孝烈，能復父讎，多言其合矜恕。帝殺之，下詔示罪，士庶咸傷愍之，爲作哀誄，牓於衢路市，人斂錢於死所造義井，並葬瑝、琇於北邙，又恐其仇人發之，作疑塚數所，其爲時人所傷如此。	《舊唐書》一八八

12	為父	天寶中，陳義郎二歲，父赴官為友茂方所害，母亦為之強佔。茂方教義郎經業，義郎應舉，途中偶遇老婦，贈舊衫。母見衫，驚問其故，知老婦乃姑，具述本末。義郎知情，候茂方寢，手刃之。	摯首詣官。連帥義之，免罪。	《太平廣記》一二二引《乾饌子》
13	為養父	劉玄佐假子樂士朝私佐嬖妾，懼事覺，酖玄佐。養子士幹知玄佐死無狀，遣奴持刀紿為弔，入殺士朝於次。	帝惡其擅專，賜士幹死。	《新唐書》二一四《舊唐書》一四五
14	為父	崔慎思，唐貞元中應進士舉，於京賃人隙院居止，有少婦年三十餘，慎思遂遣通意求納為妻，婦人求以為妾，許之。某夜，忽見婦自屋而下，左手攜一人頭，言父枉為郡守殺，入城求報殺人，將別，又殺親子，以絕後念而去。		《太平廣記》一九四引《原化記》
15	為父	貞元中，長安客有買妾者，居之數年，忽爾不知所之，一夜提人首而至，告其夫曰：我有父冤，故至於此。今報矣，請歸。泣涕而訣，出門如風，俄頃，却至斷所生二子喉而去。		《唐國史補》中
16	為父	有婦人傭居長安里，懼人之異，遂婦于同里人。既生一子，常夜出，夫疑亦不絕。一夜既歸，色甚喜，持一囊盛首，言幼時父為蜀小吏，有小罪，不至死，在位陰以非法棄市，今已復仇殺之。又謂子有母殺人必受辱，受人賤之，不如死，遂殺子。勉夫仁義為事，言畢而別。	崔蠡論曰：「蜀婦人求復父仇有年矣，卒如心，又殺其子，捐其夫，子不得為恩，夫不得為累。推之於孝，斯孝己；推之於義，斯義己。孝且義己，孝婦人也。自國初到於今，僅二百年。忠義孝烈婦人女子，其事能使千萬歲無以過。孝有高愍女、庚義婦、楊烈婦。今蜀婦人宜與三婦人齒」。	《文苑英華》三七九《全唐文》七一八
17	為父叔	余長（常）安父叔二人為同郡方全所殺，長安八歲，自誓十七乃復讐。	大理斷死，刺史元錫奏言：「臣伏見余氏一家遭橫禍死者實二平人，蒙顯戮者乃一孝子」。下百僚集議，時中書裴垍，刑部	《唐國史補》中、《唐語林》一、《太平御覽》四八二引《唐新語》「余長安」、《新唐書》

			李廓斷死，有老儒薛伯高遺錫書曰：「大司寇是俗吏，執政柄乃小生，余氏子宜其死矣」。	一九五、《冊府元龜》八九六作「余長安」
18	爲父	梁悅父爲秦果所殺，悅殺果。	詣縣請罪。詔曰：「在禮父讎不同天，而法殺人必死。禮、法王敎大端也，二說異焉。下尙書省議」。職方員外郎韓愈以爲復仇事各不同，宜定制，下尙書省集議。有詔以悅申冤，請罪詣公門，流循州。	《新唐書》一九五
19	爲父夫	謝小娥爲俠士段居貞妻，年十四，父與夫俱爲盜申蘭、申春所殺，盡掠金帛。小娥變爲男子服，傭保於仇家，伺機殺盡其黨。	潯陽太守張公善其志行，爲具其事上旌表，乃得免死，時元和十二年（817）。歸本里，里中豪族爭求聘，娥不嫁，剪髮爲尼。李公佐曰：「誓志不捨，復父夫之讎，節也；傭保雜處，不知女人，貞也。女子之行唯貞與節，能終始全之而已如小娥，足以儆天下逆道亂常之心，足以觀天下貞夫孝婦之節」。	《太平廣記》四九一、《新唐書》二〇五與《太平廣記》一二八引《續幽怪錄》「尼妙寂」應爲一事
20	爲母	唐元和末平陸縣，囚有爲母復仇殺人者。	薛昭爲尉，以氣義自負，常慕郭代公、李北海之爲人，因夜直宿，聞之，與金而逸之。故縣聞於廉使，廉使奏之，坐謫爲民，流海東。敕下之日，不問家產，但荷銀鐺而去。有客田山叟者，或云數百歲矣，素與昭洽，乃貰酒攔道而飲餞之，謂昭曰：「君義士也，脫人之禍，而自當之，眞荊、聶之儔也，吾請從子」。	《太平廣記》六九引裴鉶《傳奇》
21	爲夫	餘干縣尉王立至京調選，文書有誤，爲主司駁放，窮悴頗甚。偶遇一寡婦，夫亡十年，尙有舊業可營生，兩人言甚相得，婦邀立從居，立		《太平廣記》一九六引薛用弱《集異記》

		遂就焉。周歲，產一子。婦一日夜歸，攜囊首，謂仇已報，需離京，資產及子均予立。別後不久復歸，謂更乳子以豁離恨，婦去，立復視兒，已死。		
22	爲夫	呂榮夫許升爲博徒，榮勤家奉姑，數勸升修學，父屢勸改嫁，不從。許升遠學成名，尋被本州辟命，途中爲盜所殺，刺史尹耀捕盜得之，榮迎喪於路，聞而詣州，請甘心讐人，耀聽之，榮乃手斷其頭祭靈。	後郡遭寇賊，賊欲犯之，榮不屈而死，是日疾風暴雨，雷電晦冥，賊惶懼叩頭謝罪，乃殯葬之。	《太平廣記》二七〇
23	爲母	李知（如）璋妻鄭氏，雅不見重。知璋爲江夏尉，因醉杖殺人母，其子入復讎，鄭氏以身蔽知璋，讎者斷其二臂，出腹中胎兒於外而隕，又害知璋與其二子。	州司以聞，坐死者數十人。	《唐語林》四、《太平御覽》四二二
備註		新、舊唐書所載穆宗朝康買得案，筆者以爲買得攻擊行爲是出於見父受逼，一時情急，才失手傷人致死。其本心爲救父，不在殺人，與蓄意致死的復仇殺人不同，不予列入。		

　　司法制度必須有效地使加害人受到懲處，才會被受害家屬選用。上述二十三個案例中，例1、3、4、5、6、7、9、11、12、13、14、15、16、17、18、19、20、23等十八個案子加害者在殺人之後都沒有受到應有的法律制裁，正因爲如此，才有後續復仇事件的發生，所佔比例非常高。如果刪除兩類有司法處理困難的例子，未受罰的比率也達二分之一。

　　司法處理困難謂一、純司法問題，如例1高季輔兄事發生於朝代交替之際，地方行政尚不健全，政府權力未立，不易處理。例11張審素、例12陳義郎父與例19謝小娥夫父案，知情者不多，受害家屬又沒有採取提告的行動，政府未處理是可能的。二、參雜政治因素，如例3王世充案，世充殺獨孤機在歸唐之前，沒有依唐律處刑的理由，加上高祖爲了安撫世充部眾，已經允其免死，自然不便追究世充殺害獨孤修德父罪。例13的劉玄佐本爲藩鎮，驕恣跋扈，養子樂士朝財物鉅萬，勢力也不小，朝廷對藩鎮的控制力本就有限，或撫或剿，賞賜懲罰都牽涉到許多政治考量，未能依法處理是可以想見的。換句話說，司法與行政或政治情勢的牽涉是這些案例未能有效處理的原因，

話雖如此，無論是司法困難或政治考量對當事人而言都不足以抵消復仇慾望，所以他們選擇自行解決。

　　復仇經常發生於未經司法審理的案子，以常理論，「人命關天」，殺人罪屬於重大刑案，司法單位應該審慎追查，緝捕兇手歸案，尤其如表中例 4 的衛無忌父、例 5 賈氏父、例 6 周智壽父、例 9 徐元慶父、例 16 蜀婦人父、例 17 余常安父叔、例 20 復仇人母等都是爲當地人所殺，嫌疑人範圍小，應該不難破案，可是卻仍有那麼多加害者未受到應有的法律制裁。如果我們先排除可能涉及貪瀆行爲、人爲不公的因素，僅就古代社會中司法審理所受到的現實制約考量，想貫徹法律效力確實有一定的難度，也難怪民間私人復仇行爲從未終止。〔註84〕

　　其次，所謂預期復仇效果都是程度相當的「以命抵命」，殺人償命本來就是一種原始基本的正義觀，但是有些加害者即使「依法判決」也罪不致死，或是根本「無法可治」。如例 8 曹王李明遭則天徙於黔州，被黔州都督謝祐威嚇自殺。唐律以爲自殺由己，是個人的決定，無逼令、脅迫、恐嚇導致自殺之罪，所以謝祐並未犯律，無以爲罰。再以當時政治環境而言，則天爲登皇位，大肆貶殺李氏宗親，即使知情，可能也不會降罪，至少謝祐不太可能因此坐死，循法處理不容易達到曹王子希望的結果。對曹王子來說，其父因謝祐恫嚇而自殺，謝祐是導致父親死亡的兇手，罪應合死，不該無罰，社會視謝祐因此被殺爲合理之事，顯然傾向支持謝祐有罪，法律卻無文處理。例10 周季重與郭若納共構杜審言入獄，將因事殺之，按唐律「官司出入人罪」，故入全罪以全罪論，〔註85〕周季重與郭若納雖有欲殺杜審言之心，但尚未成實，罪僅於徒，不過杜并不以爲然，認爲兩人所爲需以命相償。

　　例 9、10、16、23 的加害人都是官吏，控告官員的難度較高，所需成本亦大，尤其是直屬官員，甚至有可能反過來招災致禍。再者，唐律爲了展現傳統「刑不上大夫」的精神，九品以上官員犯罪可以官當、或請、減、收贖。雖然死罪不得減刑，但若非惡意故心殺人，通常罪不至死，一般情況下都不用抵命，即使打贏官司，官員被判死刑的機會也不大，所以受害家屬選擇自行解決反而更能有效地達到他們所期望的結果。

　　關於法律規定與現實觀點的落差，就上述數例而言，曹王自殺直接源於

〔註84〕蘇力，《法律與文學——以中國傳統戲劇爲材料》，第二章，〈復仇與法律——以《趙氏孤兒大報仇》爲例〉，頁 81～83。
〔註85〕律文詳見第二章註 201。

謝祐的恐嚇，謝祐對曹王之死有無法推卸的責任，法律規定與社會觀感顯然不合。至於官員殺人，雖然法律減刑範圍不包括死罪，但是從對官員復仇的案例來看，民間對於司法效力是否能有效落實於官員身上，有相當程度的疑慮。另外，政府在刑罰上禮遇官員的美意，於殺人犯罪中，和民眾普遍的「殺人償命」正義觀不符，就私人情感倫理而論，人命的價值都是一樣的，與其社會身份高低無關。

　　第三、有些加害者的行為確實不構成死罪，但是因為復仇所體現的是報復者對逝者的心意，尤其通常是「孝」的精神，加重傷害加害人就變成一種正面的表現。如例 10，周季重與郭若納合謀構罪杜審言，但是審言尚未受死，杜并與兩人還稱不上有「不共戴天」之仇，卻先行持刀殺人，反應未免有些過激，然而杜并為了還報父親遭人陷害的仇恨，不顧生命，不惜殺人，被視為抒發孝心的表現，所以社會輿論不僅能夠接受，還十分讚賞，當政者與官宦名人皆為之褒獎紀念。

　　至於社會價值觀的部分，我們不妨重新回到俠義復仇事例，討論其社會反應。〈賈人妻〉、〈崔慎思妾〉、〈蜀婦人〉、〈妾報父冤〉四例情節幾乎相同，顯示這個主題受到時人喜愛。四例之中只有〈蜀婦人〉對角色的行為意識有比較清楚的敘述，而且篇末留有讚詞，筆者以此為例，討論唐人對這個主題的理解與看法。〈蜀婦人〉一事出自崔蠡〈義激〉，崔蠡於文宗朝任殿中侍御史、戶部侍郎、中書舍人、禮部侍郎等職。〔註86〕篇末云：「前以隴西李端言始異之作傳，傳備，博陵崔蠡又作文，目其題曰：『義激』，將與端言共激諸義而感激者」。該事本有李端言作傳，崔蠡根據李傳加以擴充，目的是為了評價與傳頌婦人的義行。崔蠡議曰：

> 蜀婦人求復父仇有年矣，卒如心。又殺其子，捐其夫，子不得為恩，夫不得為累。推之於孝，斯孝已，推之於義，斯義已。孝且義已，孝婦人也。自國初到於今，僅二百年，忠義孝烈婦人女子，其事能使千萬歲無以過。孝有高愍女、庾義婦、楊烈婦，今蜀婦人宜與三

〔註86〕《舊唐書》，卷一百三十三，〈李晟傳附子聽〉，頁 3684。《唐會要》，卷二十三，「忌日」，頁 526。卷五十八，〈尚書省諸司中〉，「戶部侍郎」，頁 1189。（元）陶宗儀編，《古刻叢鈔》，收入《景印文淵閣四庫全書》，第六百八十三冊，「石佛識」，頁 19。（清）榕端等奉敕纂修，《御定淵鑑類函》，收入《景印文淵閣四庫全書》，第九百八十三冊，卷七十二，〈設官部十二〉，「翰林學士二」，頁 826。

婦人齒。〔註87〕

首先，崔蠡點明婦人爲父報仇是「孝」的表現，這是中國傳統社會的普遍觀點，正史將復仇案例列入孝友列傳，正是強調復仇具有孝的價值。因爲復仇由孝出發，父母被害使子女無以還報親恩，傷痛越深，仇恨越大，基於這樣的理由，復仇者的報復行爲即使殘酷不仁，離經叛道，都能被理解接受。以表列爲例，例 1、8、14、15、16、21、22 的割取首級是常見手段，例 5、22 割肢體或臟器祭靈（墓）、例 2 剖腹食人心肝、例 8 以人頭爲機器，雖然手段殘忍，違反「死者爲大」的人道精神，又觸犯唐律「殘害死屍」，卻被視爲孝順的象徵，甚至有手段越激烈，表示對亡者心意越重的傾向，在孝意、情感訴求的前提之下，復仇被社會賦予高度的道德價值。

其次，復仇的正當性本於「報」的觀念，如前所述，「報」在中國社會被視爲一項公理，是一種公平的概念，復仇與報恩一樣合情合理。對於恩人、祖先之惠，要時時崇敬懷德；對於仇人的傷害，一樣要銘記在心，還以顏色。不同的是報恩是受恩者的責任，復仇的執行者則是被害人親屬。由於當事者已經身亡，至親家屬，尤其是晚輩，自然有承擔復仇工作的義務，同樣是一種還報表現。〔註88〕關係越親近，復仇的責任越重，〔註89〕這種觀點還有禮制的背書，《禮記》云：「父之讎，弗與共戴天。兄弟之讎，不反兵。交遊之讎，不同國」。〔註90〕唐代復仇案例同樣表現這種身份特色，上表中除了例 1 是爲兄之外，子爲父母復仇佔了絕大部分。依禮，女子出嫁後，夫的地位等同父，所以婦爲夫復仇同屬之，養父則視同生父。例 1 的爲兄復仇雖然少見，但可能是兄未有子，或其子年幼，因此弟弟作爲有復仇能力的至親晚輩，順理成章地承擔復仇的工作。〔註91〕復仇具有強制責任性質，手刃仇人是身爲至親的義務，也是一種還報，所以親自執行比交付公法處理更具正當性，更切合普遍價值。就情感、恩義、人際還報考量，復仇都不應假手他人，交由公權力解決雖然合於「法」，自行解決卻合於「情」、「理」。

〔註87〕《文苑英華》，卷三百七十九，頁 1933～1934。

〔註88〕楊聯陞指出「孝」也是一種基於「報」的觀念的表現。見楊聯陞著，段昌國譯，〈報——中國社會關係的一個基礎〉，收於氏著，《中國文化中「報」、「保」、「包」之意義》，頁 64。

〔註89〕文崇一，〈報恩與復仇：交換行爲的分析〉，收於楊國樞、文崇一編，《中央研究院民族學研究所專刊　乙種之10》，頁 322～328。

〔註90〕《禮記注疏及補正》，卷三，〈曲禮上〉，頁 17。

〔註91〕傳統認爲復仇責任主要是落在男性身上，女性所需承擔的義務責任相對較低。

　　因此，如例 19 謝小娥事，小娥復仇雖然違法，又連殺數人，潯陽太守與李公佐卻大加稱讚，太守嘉其志行，爲小娥上旌表，李公佐讚曰：「誓志不捨，復父夫之讐，節也」，稱其有節；鄉里反應也很熱烈，文云：「復讐畢歸本里，里中豪族爭求聘」，〔註 92〕展現社會大眾對小娥行爲的讚賞。又如例 17 余常安事，儒者薛伯高更直接批評司寇、宰相堅持依法將復仇孝子處刑是俗吏小生的作爲。再看例 11 張琇兄弟案，張氏兄弟處死後，朝廷特下告示解釋施刑原因，即使如此，士庶還是愍其遭罪，或爲兩兄弟作誄文，或募錢於死所造義井，葬後恐爲仇人發墓，還另作疑塚數處，混淆視聽，可見大眾對復仇者傾向理解赦免，而非依法處理，即使不免於刑，社會評價依然十分正面。

　　崔蠡對蜀婦人的復仇孝行給予高度評價，認爲她可與高愍女、庚義婦與楊烈婦相提並論。高愍女與楊烈婦事均見於《新唐書・列女傳》。李納叛，質高彥昭一家，使彥昭守濮陽，彥昭不顧家人安危，挈城歸劉玄佐，納怒，欲殺彥昭一家。彥昭妻憐女年幼，求以女爲婢，女不肯獨生，遂就死，德宗感於高女事，諡爲「愍」。〔註 93〕楊烈婦夫李侃爲項城令，建中末年，李希烈叛，兵圍項城，侃欲棄城逃亡，婦曉以忠義，勉其率眾守城，最後終能力克強敵，保全項城。〔註 94〕高愍女與楊烈婦的事蹟都在表現對國家的「忠」，崔蠡卻將蜀婦人對父親的復仇孝行與兩者同論，反映傳統士大夫「忠」、「孝」一體的觀念，正是這種教孝致忠的原理，使政府處理復仇案件時，多有顧慮。〔註 95〕

　　崔蠡以爲婦人除了對父盡孝，對夫、子均有「義」。對夫是主動遠離，不使丈夫受到牽累，唐律「知情藏匿罪人」，罪責只低於原犯一等，謀殺人是死罪，匿者也有流的刑度。〔註 96〕至於殺子，婦人謂：「爾漸長，人心漸賤爾，曰其母殺人，其子必無狀，既生之，使其賤之，非勇也。不如殺而絕」。〔註 97〕婦人以爲與其讓兒子終生背負母親殺人惡名的重擔，爲親恩和世俗輿論所擾，不如助其解脫。唐律父母殺子女的刑度是所有對象中最輕

〔註 92〕《太平廣記》，卷四百九十一，〈雜傳記八〉，「謝小娥傳」，頁 4032。

〔註 93〕《新唐書》，卷二百五，〈列女〉，「高愍女」，頁 5825。

〔註 94〕《新唐書》，卷二百五，〈列女〉，「楊烈婦」，頁 5825～5826。

〔註 95〕詳見陳登武，〈復仇新釋──從皇權的角度再論唐宋復讎個案〉，《臺灣師大歷史學報》第三十一期（2003），頁 1～36。

〔註 96〕律文詳見本章註 53。

〔註 97〕《文苑英華》，卷三百七十九，頁 1933～1934。

的，以刃殺徒二年，故殺再加一等，合徒二年半。〔註98〕蜀婦人殺子動機出於善意，與惡意故心殺害不同，就行爲動機而論，婦人愛子的心意超越了殺子的罪惡，即使違法，仍具有正面價值，所以社會將婦人殺子視爲義行。

第四節　小結

「俠義」代表一種社會心態，一種普遍追求的公道與正義，這種價值通常是現實司法無法提供的。俠義小說的流行反映了某些司法問題，同時，隨著作品的傳播加強這些問題對大眾司法觀感的影響。以本章討論而言，司法問題包含法律條文的不足或不公，民眾對司法效力、政府判決公正性的信任不夠等等。律文不足或不公的情況有：罪行無文處理、對特殊身份犯罪者的刑責優待，以及爲了維護尊長權利，對卑幼人身保護的不足。其二，司法案件若牽涉政治環境，或是遇上官員犯罪，政府處理方式常不依律法，另有考量。此外，還有案件審理受到現實技術制約，準確性不足的問題。這些因素即使能爲人理解，卻仍然免不了傷害民眾對於司法制度的信任感，更不用說執法過程中還可能參雜其他人爲不公的因素。

現實社會存在著許多行爲規範，作用力各不相同，法律僅爲其中之一。唐律規定故心殺人處以死刑，體現人命爲大，以命抵命的觀點，不過社會大眾以爲這個原則的重要性次於某些人際規則，如：「還報」與「懲惡」。還報包含「報恩」與「復仇」，「報」是人際關係中的公理，基於「報」的殺人可以獲得民眾認同接受，可見這個私人之間的行爲準則比法律的作用力和價值更深入民心。「懲惡」指以私力懲罰不義，不義的表現包含了違反夫妻綱常的妻欲殺夫、惡意變賣子女、官員仗勢欺人，還有忘恩負義、欲殺恩主等行徑。殺害不義之人有維護公道正義與社會秩序的功能，能補充司法效力的不足，受到社會輿論認同，並體現了民眾以爲有權懲罰惡人不僅是政府公權力的觀點，顯示人民對於法律執行力下移的認可，從另一個角度來看，這同樣是人民對司法信任度不足所造成的結果。俠義小說反映人民對不同社會規則的取捨及其司法觀念，這些普遍意識都實際影響法律的落實。

〔註98〕律文詳見第三章註140。

第五章 結 論

　　唐律殺人罪以犯人的行爲意識與兩造身份區分罪責，犯罪行爲依傷害意識與型態分爲六層，統稱爲「六殺」。主觀惡性與刑責大小成正比，惡性越大，刑罰越重，謀殺、故殺皆有明確殺人意識，處以最重的斬刑。若爲多人共同謀殺，以造意者爲主犯，眾犯中僅主犯一人須以命相償，其餘從犯按參與程度依次減刑。鬪殺、戲殺均有攻擊意識，但犯者本無殺人之意，刑責較謀、故殺輕，鬪殺處絞；戲殺是出於雙方同意，可再減一等。誤殺是在殺人行動過程中所發生的失誤，與犯者行爲本意無關，法律依犯者本心論刑，罪責不減，只有誤殺助己者與非攻擊性動作之下所導致的失誤殺人，才得以減刑。過失殺因爲行爲本身對人不具攻擊意識，造成殺傷的結果也無法預料，處以贖刑，刑責最輕。「六殺」以犯者傷害心意爲懲罰依據，表現唐律重視懲罰主觀意識的特質。

　　律法將禮制中的身份差異落實於刑責之上，唐人有社會與家內雙重身份，法律針對殺人案件的兩造關係判刑。原則上以下犯上，一律加刑；以上犯下，則享有減罪的優待，若犯罪雙方兼有社會與家內雙重身份關係，刑責累計。此外，雙方關係親疏程度也會影響量刑，若符合以下犯上的加刑條件，關係越親近，刑責越重；反之，以上犯下的減刑，關係越親，刑責越輕。家內親屬相殺，無論尊卑上下，都屬於違反基本倫常的重大犯罪，唐律對於這些違法行爲有「十惡」的附加刑規定，顯示政府重視家庭倫理之意。「十惡」中以卑幼殺期親尊長的「惡逆」議、赦規範最嚴格，在在強調法律維護家內倫理秩序的用心。

　　唐律殺人罪的內容多源於前代，重視主觀意圖與身份關係的特點在唐代

之前已經基本確立。唐朝在前律的基礎上，加以完整化與系統化，其中強調處罰犯罪意識的程度有比前律更爲顯著的傾向。此外，從律法演變中可以發現，由漢至唐，政府對倫常觀的取捨，乃至於觀念自身，都隨著時代變化有所不同，在殺人罪上的表現包括了故、誤殺之分因尊卑地位的強調而不明顯、夫妻相殺的罪責差距擴大、婦殺害舅姑的刑責逐漸與夫殺有別等等。

若就唐代殺人罪律文的落實而言，不同罪行的有效性不一，落實度最差的是家內人的相犯。家內犯罪外人不易知情，家人、親屬與奴僕既有不告的權力，又受到告罪懲罰的限制，在各種利害考量之下，家內犯罪通常不會採取告官的方式處理，因此政府機構對於這類犯行有處理上的困難，法律能產生的效力有限，可想而知，在侵身罪上，家內卑幼容易處於不利的地位。

唐代筆記小說等通俗作品流行，它具有貼近社會民情，反映大眾心態的優點，其中最常牽涉司法問題的是俠義小說，牽涉罪刑又以殺人罪爲多。唐人對「俠」的概念源自前朝，身份特質仍舊十分複雜，善惡皆有，若扣除惡意殺人的例子，筆記小說中的俠士雖犯殺人罪，社會仍普遍認爲他們的行動具有正面道德意義。俠義小說的流行反映了某些司法問題，包括律法本身、執法過程與司法運作條件等方面，而且隨著作品的傳播，筆記小說也起了深化民眾特定司法觀感的作用，經常是負面影響居多。

以本文探討的俠義殺人爲例，其中最常出現的行爲價值在於彰顯「還報」原則與「懲奸除惡」。「報恩」與「復仇」都是「報」的具體表現，基於「報」的殺人行爲容易爲民眾接受理解，顯示這個社會規範對庶民大眾有著深刻的影響力，其價值甚至超越法律。至於俠客以「義」爲名，私掌生死大權，同樣受到社會讚揚則顯示現實法律懲惡效果的不足，以及民眾尋求法外解決之道的企望，並進一步促成社會對於司法權下移的認可。俠義小說除了凸顯司法問題，還展示群眾的法律價值觀，表現庶民社會的主動性，這些都是我們衡量法律落實時應該考量的因素。

徵引書目

一、基本文獻

（一）經部

1. 楊家駱補正,《尚書注疏及補正》,台北:世界書局,1963。
2. （宋）蔡沈注、錢宗武、錢宗弼整理,《書集傳》,南京:鳳凰出版社,2010。
3. 楊家駱補正,《周禮注疏及補正》,台北:世界書局,1963。
4. 楊家駱主編,《禮記注疏及補正》,台北:世界書局,1963。
5. 楊伯峻編著,《春秋左傳注》,北京:中華書局,1981。
6. （明）王道焜、趙如源同編,《左傳杜林合注》,收入《景印文淵閣四庫全書》,台北:臺灣商務印書館,1988。
7. 李學勤主編,《春秋公羊傳注疏》,台北:台灣古籍出版社,2001。
8. （西漢）史游撰、顏師古注,《急就篇》,收入李學勤主編,《中華漢語工具書書庫》,合肥:安徽教育出版社,2002。
9. （東漢）許慎撰、段玉裁注、許惟賢整理,《說文解字注》,南京:鳳凰出版社,2007。

（二）史部

1. （西漢）司馬遷,《史記》（新點校本）,北京:中華書局,1959。
2. （東漢）班固,《漢書》（新點校本）,北京:中華書局,1962。
3. （南朝宋）范曄,《後漢書》（新點校本）,北京:中華書局,1965。
4. （西晉）陳壽,《三國志》（新點校本）,北京:中華書局,1959。
5. （唐）房玄齡等,《晉書》（新點校本）,北京:中華書局,1982。
6. （梁）沈約,《宋書》（新點校本）,北京:中華書局,1974。

7. （唐）姚思廉，《梁書》（新點校本），北京：中華書局，1973。

8. （北魏）魏收，《魏書》（新點校本），北京：中華書局，1974。

9. （唐）李百藥，《北齊書》（新點校本），北京：中華書局，1972。

10. （唐）魏徵等，《隋書》（新點校本），北京：中華書局，1973。

11. （五代）劉昫等，《舊唐書》（新點校本），北京：中華書局，1975。

12. （宋）歐陽修等，《新唐書》（新點校本），北京：中華書局，1975。

13. （東晉）袁宏著、張烈點校，《後漢紀》，北京：中華書局，2002。

14. （宋）司馬光編著，《資治通鑑》（新點校本），北京：中華書局，1956。

15. （東漢）劉珍等撰、吳樹平校注，《東觀漢記校注》，北京：中華書局，2008。

16. （宋）鄭樵著，《通志》，台北：新興書局，1959。

17. 徐元誥撰、王樹民、沈長雲點校，《國語集解》，北京：中華書局，2002。

18. （西漢）劉向集錄、何建章注釋，《戰國策注釋》，北京：中華書局，1990。

19. （宋）宋敏求編，《唐大詔令集》，北京：中華書局，2008。

20. （宋）司馬光著、王根林點校，《司馬光奏議》，太原：山西人民出版社，1986。

21. （元）辛文房著、傅璇琮主編，《唐才子傳校箋》，北京：中華書局，2002。

22. （宋）宋敏求著、畢沅校正，《宋著長安志》，西安：太白文藝出版社，2007。

23. （唐）李林甫等撰、陳仲夫點校，《唐六典》，北京：中華書局，1992。

24. （宋）洪遵著，《翰苑群書》，收入《景印文淵閣四庫全書》，台北：臺灣商務印書館，1988。

25. （宋）王溥撰，《唐會要》，上海：上海古籍出版社，1991。

26. （唐）杜佑撰、王文錦等點校，《通典》，北京：中華書局，1988。

27. （元）馬端臨著，《文獻通考》，台北：新興書局，1958。

28. （明）董說，《七國考》，收入《景印文淵閣四庫全書》，台北：臺灣商務印書館，1988。

29. （唐）長孫無忌等撰、劉俊文點校，《唐律疏議》，北京：中華書局，1983。

30. （元）陶宗儀編，《古刻叢鈔》，收入《景印文淵閣四庫全書》，台北：臺灣商務印書館，1988。

（三）子部

1. 王天海校釋，《荀子校釋》，上海：上海古籍出版社，2005。

2. （東漢）桓寬撰、王利器校注，《鹽鐵論校注》，北京：中華書局，1992。

3. 韓非子校注組編寫、周勛初修訂，《韓非子校注》，南京：鳳凰出版社，2009。

4. （宋）鄭克編撰、劉俊文譯註點校，《折獄龜鑑譯註》，上海：上海古籍出版社，1988。

5. 陳奇猷校注，《呂氏春秋新校譯》，上海：上海古籍出版社，2002。

6. （西漢）劉安等撰、趙宗乙譯注，《淮南子譯注》，哈爾濱：黑龍江人民出版社，2003。

7. （東漢）班固著、陳立撰、吳則虞點校，《白虎通疏證》，北京：中華書局，1994。

8. （東漢）應劭撰、王利器校注，《風俗通義校注》，北京：中華書局，2010。

9. （宋）孫奕，《示兒編》，收入《景印文淵閣四庫全書》，台北：臺灣商務印書館，1988。

10. （宋）曾慥編纂、王汝壽等校注，《類說》，福州：福建人民出版社，1996。

11. （明）徐應秋，《玉芝堂談薈》，收入《景印文淵閣四庫全書》，台北：臺灣商務印書館，1988。

12. （宋）李昉等撰，《太平御覽》，北京：中華書局，1960。

13. （宋）潘自牧，《記纂淵海》，收入《景印文淵閣四庫全書》，台北：臺灣商務印書館，1988。

14. （清）榕端等奉敕纂修，《御定淵鑑類函》，收入《景印文淵閣四庫全書》，台北：臺灣商務印書館，1988。

15. （唐）張鷟撰、趙守儼點校，《朝野僉載》，北京：中華書局，1979。

16. （唐）崔令欽著、楊家駱主編，《新校教坊記》，台北：世界書局，1959。

17. （唐）趙璘著、楊家駱主編，《新校因話錄》，台北：世界書局，1959。

18. （五代）王仁裕撰、曾貽芬點校，《開元天寶遺事》，北京：中華書局，2006。

19. （唐）劉肅撰、許德楠、李頂霞點校，《大唐新語》，北京：中華書局，1984。

20. （唐）李肇著、楊家駱主編，《唐國史補》，台北：世界書局，1959。

21. （宋）王讜撰、周勛初校證，《唐語林校證》，北京：中華書局，1987。

22. （宋）孫光憲撰、賈二強點校，《北夢瑣言》，北京：中華書局，2002。

23. （元）陶宗儀，《輟耕錄》，收入《宋元筆記小說大觀》，上海：上海古籍出版社，2007。

24. （宋）李昉等編，《太平廣記》，北京：中華書局，1961。

25. （唐）李冗撰、張永欽、侯志明點校，《獨異志》，北京：中華書局，1983。

26. （唐）段成式著、方南生校訂，《酉陽雜俎》，台北：漢京文化事業有限公司，1983。

27. （宋）皇都風月主人編、周楞伽箋注，《綠窗新話》，上海：上海古籍出版社，1991。

（四）集部

1. （唐）白居易著、朱金城箋校，《白居易集箋校》，上海：上海古籍出版社，1988。

2. （唐）沈亞之撰、魯迅輯校，《沈下賢文集》，上海：上海古籍出版社，1986。

3. （宋）韓維，《南陽集》，收入《景印文淵閣四庫全書》，台北：臺灣商務印書館，1988。

4. （宋）秦觀撰、徐培均箋注，《淮海集箋注》，上海：上海古籍出版社，1994。

5. （宋）余靖著、仲荀編輯，《武溪集》，台北：新文豐出版公司，1976。

6. （宋）毛滂著、周少雄點校，《毛滂集》，杭州：浙江古籍出版社，1999。

7. （宋）李昉等編，《文苑英華》，北京：中華書局，1966。

8. （清）董誥等編、孫映逵等點校，《全唐文》，太原：山西教育出版社，2002。

9. （宋）計有功撰，《唐詩紀事》，上海：上海古籍出版社，1965。

（五）史料考訂、詮釋、金石簡帛

1. 睡虎地秦墓竹簡整理小組編，《睡虎地秦墓竹簡》，北京：文物出版社，1977。

2. 張家山二四七號漢墓竹簡整理小組編，《張家山漢墓竹簡【二四七號墓】》，北京：文物出版社，2001。

3. 朱紅林，《張家山漢簡《二年律令》集釋》，北京：社會科學文獻出版社，2005。

4. 甘肅省文物考古研究所、甘肅省博物館、中國文物研究所、中國社會科學院研究所編，《居延新簡：甲渠侯官》，北京：中華書局，1994。

5. （日）仁井田陞著、栗勁等編譯，《唐令拾遺》，長春：長春出版社，1989。

6. 劉俊文，《唐律疏議箋解》，北京：中華書局，1996。

7. （宋）竇儀等撰、吳翊如點校，《宋刑統》，北京：中華書局，1984。

8. （明）明神宗敕撰，《大明律集解附例》，台北：學生書局，1968年印國立中央圖書館藏明萬曆間浙江官印本。

9. （清）李翰章等撰，《大清律例彙集便覽》，台北：成文出版社，1975。

10. （宋）孫奭，《刑音義》，收入《叢書集成序編》，台北：新文豐出版公司，1989。

11. （清）杜貴墀，《漢律輯證》，收入《叢書集成序編》，台北：新文豐出版公司，1989。

12.（清）沈家本著、鄧經元、駢宇騫點校，《歷代刑法考》，北京：中華書局，1985。

13. 程樹德著，《九朝律考》，北京：中華書局，2006。

14.（清）沈之奇著、懷效鋒、李俊點校，《大清律輯註》，北京：法律出版社，2000。

15.（明）雷夢麟著、懷效鋒、李俊點校，《讀律瑣言》，北京：法律出版社，2000。

16.（清）薛允升著、懷效鋒、李鳴點校，《唐明律合編》，北京：法律出版社，1999。

17.（清）薛允升著、黃靜嘉編校，《讀例存疑》，台北：成文出版社，1970。

二、近人專著

1.（日）大庭脩著、林劍鳴等譯，《秦漢法制史研究》，上海：人民出版社，1991。

2. 王關成、郭淑珍編著，《秦刑罰概述》，西安：陝西人民教育出版社，1993。

3. 王夢鷗，《唐人小說研究：纂異記與傳奇校釋》，台北：藝文印書館，1997。

4. 王夢鷗，《唐人小說研究二集》，台北：藝文印書館，1973。

5.（日）內山知也著、查屏球編，《隋唐小說研究》，上海：復旦大學出版社，2010。

6.（德）卡爾・賴德爾著、郭二民編譯，《死刑的文化史》，北京：三聯書局，1992。

7.（日）西田太一郎著、段秋關譯，《中國刑法史研究》，北京：北京大學出版社，1985。

8. 李劍國，《唐五代志怪傳奇敘錄》，天津：南開大學出版社，1993。

9. 汪涌豪、陳廣宏，《俠的人格與世界》，上海：復旦大學出版社，2005。

10. 汪群疆校錄，《唐人小說》，上海：上海古籍出版社，1988。

11. 周勛初，《唐代筆記小說敘錄》，南京：鳳凰出版社，2008。

12. 周蕙蓮，《教坊記研究》，台北：文京圖書有限公司，1993。

13. 柏紅秀，《唐代宮廷音樂文藝研究》，南京：南京大學出版社，2010。

14. 姚平，《唐代婦女的生命歷程》，上海：上海古籍出版社，2004。

15. 栗勁，《秦律通論》，濟南：山東人民出版社，1985。

16. 孫家州主編，《秦漢法律文化研究》，北京：中國人民大學出版社，2007。

17.（美）理查・波斯納著、李國慶譯，《法律與文學》，北京：中國政法大學出版社，2002。

18. 曹旅寧，《秦律新探》，北京：中國社會科學出版社，2002。

19. 曹旅寧，《張家山漢律研究》，北京：中華書局，2005。

20. （日）冨谷至著、柴生芳、朱恒曄譯，《秦漢刑罰制度研究》，桂林：廣西師範大學出版社，2006。

21. 張晉藩，《中國古代法律制度》，北京：中國廣播電視出版社，1992。

22. 張晉藩、林中、王志剛著，《中國刑法史新論》，北京：人民法院出版社，1992。

23. 陳登武，《從人世間到幽冥界：唐代的法制、社會與國家》，台北：五南圖書出版股份有限公司，2007。

24. 陳寅恪，《隋唐制度淵源略論稿》，台北：里仁書局，2000。

25. 陳平原，《千古文人俠客夢》，北京：北京大學出版社，2010。

26. （日）滋賀秀三著、張建國、李力譯，《中國家族法原理》，北京：法律出版社，2003。

27. 黃源盛，《漢唐法律與儒家傳統》，台北：元照出版社，2009。

28. 劉燕儷，《唐律中的夫妻關係》，台北：五南圖書出版股份有限公司，2007。

29. 劉欣寧，《由張家山漢簡《二年律令》論漢初的繼承制度》，台北：國立臺灣大學出版委員會，2007。

30. 鄭志敏，《細說唐妓》，台北：文津出版社，1997。

31. 錢大群，《唐律研究》，北京：法律出版社，2000。

32. 戴炎輝，《唐律通論》，台北：國立編譯館，1964。

33. 戴炎輝，《唐律各論》，台北：成文出版社，1988。

34. 瞿同祖，《中國法律與中國社會》，台北：里仁書局，1984。

35. 蘇力，《法律與文學——以中國傳統戲劇爲材料》，台北：元照出版社，2006。

36. 龔鵬程，《大俠——俠的精神文化史論》，台北：風雲時代出版股份有限公司，2007。

三、期刊論文

1. 于豪亮，〈秦簡中的奴隸〉，收入中華書局編輯部編，《雲夢秦簡研究》，北京：中華書局，1981。

2. 王子今、范培松，〈張家山漢簡賊律「毆大母」釋意〉，《考古與文物》，2003：5。

3. 王彥輝，〈從張家山漢簡看西漢時期私奴婢的社會地位〉，收入中國社會科學院簡帛研究所編，《張家山漢簡《二年律令》研究文集》，桂林：廣西師範大學出版社，2007。

4. 文崇一，〈報恩與復仇：交換行為的分析〉，收於楊國樞、文崇一編，《中央研究院民族學研究所專刊　乙種之 10》，台北：中央研究院民族學研究所，1982。

5. 卞孝萱，〈牛肅與《紀聞》〉，收入氏著，《唐代文史論叢》，太原：山西人民出版社，1986。

6. （日）水間大輔，〈秦律、漢律中的殺人罪類型——以張家山漢簡《二年律令》為中心〉，收入中國秦漢史研究會編，《秦漢史論叢》，西安：三秦出版社，2004。

7. 李貞德，〈西漢律令中的家庭倫理觀〉，《中國歷史學會史學集刊》，第十九期（1987.07）。

8. 李學勤，〈《奏讞書》解說（上）〉，《文物》，1993：8。

9. 呂中名，〈秦律貲罰制考論〉，收入楊一凡總主編，《中國法制史考證》，北京：中國社會科學出版社，2003，甲編（歷代法制考），第二卷，〈戰國秦法制考〉（馬小紅主編）。

10. 宋德熹，〈「俠以武犯禁」乎？唐代俠者形象的碰撞〉，收於氏著，《唐史識小：社會與文化的探索》，台北：稻鄉出版社，2009。

11. 余英時，〈反智論與中國政治傳統〉，收於氏著，《歷史與思想》，台北：聯經出版事業公司，1986。

12. （日）角谷常子著、胡平生、陳青譯，〈秦漢時代的贖刑〉，收入李學勤、謝桂華主編，《簡帛研究 2001》，桂林：廣西師範大學出版社，2001。

13. 南玉泉，〈張家山漢簡《二年律令》所見刑罰原則〉，收入中國社會科學院簡帛研究所編，《張家山漢簡《二年律令》研究文集》，桂林：廣西師範大學出版社，2007。

14. 姚少杰，〈清代戲殺、誤殺、過失殺考析〉，收入葉孝信、郭建主編，《中國法律史研究》，上海：學林出版社，2003。

15. 祝總斌，〈晉律考論〉，收入楊一凡總主編，《中國法制史考證》，北京：中國社會科學出版社，2003，甲編（歷代法制考），第三卷，〈兩漢魏晉南北朝法制考〉（高旭晨主編）。

16. 高恒，〈張斐的《晉律要略》〉，收入楊一凡總主編，《中國法制史考證》，北京：中國社會科學出版社，2003，乙編（法史考證重要論文選編），第三卷，〈法制叢考〉（楊一凡、劉篤才主編）。

17. 高恒，〈秦簡中的私人奴婢問題〉，收入中華書局編輯部編，《雲夢秦簡研究》，北京：中華書局，1981。

18. 高敏，〈商鞅《秦律》與睡虎地出土《秦律》的區別與聯繫〉，收入氏著，《睡虎地秦簡初探》，台北：萬卷樓圖書有限公司，2000。

19. 高敏，〈《張家山漢墓竹簡·二年律令》中諸律的製作年代試探——讀《張

家山漢墓竹簡》札記之四〉，收入氏著，《秦漢魏晉南北朝史論考》，北京：中國社會科學出版社，2004。

20. 高敏，〈漢初法律係全部繼承秦律說——讀張家山漢簡《奏讞書》札記〉，收入氏著，《秦漢魏晉南北朝史論考》，北京：中國社會科學出版社，2004。

21. （美）倪豪士，〈唐傳奇中的創造和故事講述：沈亞之的傳奇作品〉，收於氏著，《傳記與小説——唐代文學比較論集》，北京：中華書局，2007。

22. 桂齊遜，〈唐律在維護「家族倫理」上規範——以「惡逆、不孝」罪爲例〉，《史學彙刊》，第二十一期（2008：06）。

23. 夏勇，〈唐律中的謀殺罪〉，《法學研究》，1984：6。

24. 孫家紅，〈論唐律「子孫違犯教令」條款與不孝罪的區別和聯繫〉，《法制史研究》，第十八期（2010.12）。

25. （日）冨谷至著、胡平生、陳青譯，〈秦漢二十等爵制和刑罰的減免〉，收入李學勤、謝桂華主編，《簡帛研究2001》，桂林：廣西師範大學出版社，2001。

26. 崔永東，〈漢代法制叢考〉，收入楊一凡總主編，《中國法制史考證》，北京：中國社會科學出版社，2003，甲編（歷代法制考），第三卷，〈兩漢魏晉南北朝法制考〉（高旭晨主編）。

27. 張伯元，〈說"辜"二題〉，收入氏著，《出土法律文獻研究》，北京：商務出版社，2005。

28. 張伯元，〈秦漢法制中的尊卑等級〉，收入氏著，《出土法律文獻研究》，北京：商務出版社，2005。

29. 張建國，〈論西漢初期的贖〉，《政法論壇》，2002：5。

30. 章培恒，〈從游俠到武俠——中國俠文化的歷史考察〉，《復旦學報》，1994：3。

31. 梁治平，〈禮與法：道德的法律化〉，收於氏著，《尋求自然秩序中的和諧》，北京：中國政法大學出版社，2002。

32. 陳登武，〈論唐代特殊謀殺罪〉，《興大歷史學報》，第十四期（2003.06）。

33. 陳登武，〈從張家山漢簡看漢代「保辜」制度——兼論「保辜」制度之歷史發展〉，《簡牘學報》，第二十期（2008.12）。

34. 陳登武，〈復讎新釋——從皇權的角度再論唐宋復讎個案〉，《臺灣師大歷史學報》，第三十一期（2003.06）。

35. 黃玫茵，〈唐代殺人罪的法律規範〉，收入中國唐代學會、國立中正大學文學系、歷史系主編，《唐代文化學術研討會論文集》，高雄：麗文文化事業股份有限公司，2001。

36. 黃玫茵，〈唐代三父八母的法律地位〉，收入高明士主編，《唐代身分法治研究——以唐律名例律爲中心》，台北：五南圖書出版股份有限公司，